다정한 헌터에게

선녀와 인어공주가
변호사를 만난다면

백세희

호밀밭

chapter 3 – 미술관에서 실수로 작품을 깨뜨렸어요!

chapter 4 – 어디까지 알고 있나요?

정확히 10년 전 이맘때 변호사 업무를 시작했다. 그로부터 딱 10년 전에는 지망한 미술대학에 모두 떨어져 추가합격이라도 될 수 있을까 노심초사하고 있었다. 그 시점, 그러니까 지금으로부터 20년 전 겨울이 현재의 내가 이 글을 쓰게 만든 분기점이다. 실기시험장에서 만족스럽게 그리고 나와도 불합격인데 재수한다고 뭐가 달라지겠나 생각해 진로를 아예 바꿔버렸다. 미대 입시 낙방이 수치스러워 내가 가진 '합격의 원천기술'을 증명해 보이겠다며 일부러 악명 높은 사법시험을 골랐다. 암흑의 보라색 오라를 내뿜으며 분기탱천, 실패자의 콤플렉스에서 겨우 벗어났다.

그래서 지금 나는 법조인으로 승승장구하고 있는가. 그건 또 아니다. 아무래도 법조인은 '시간 가난뱅이' 같다며 근무하던 로펌에서 퇴사해버렸다. 이후 '(돈) 안 벌고 (돈) 안 쓰기'의 삶을 실천하겠다며 시골로 내려와 적당히 살고 있다. 아, 확실히 자서전으로 쓸 만한 전개는 아닌 것 같다.

이렇게 예술계에 한 다리 걸칠 뻔했던 이력과 변호사로서 드물게 빈둥대는 내 일상이 알려졌는지 국내 한 언론사로부터 문화예술법 칼럼의 원고 청탁이 들어왔다. 의뢰인, 상대방 변호사, 재판장. 이렇게 매우 제한된 독자의 서면만 주야장천 쓰다가 성별도 나이도 직업도 모르는 대중에게 글을 보이려니 덜컥 겁이 났다. 하지만 '안 벌고 안 쓰기'가 불가능한 이상 '조금 벌고 조금 쓰기'라도 해야 할 것 같아서 (겉으로는) 흔쾌히 수락했다. 최대한 정보전달 위주로 욕먹지 않을 정도의 노하우를 익혀가며 나름의 호응을 끌어냈다. 그리고 어쩌다 보니 이렇게 단행본에 들어가는 말도 쓰고 있다.

우리 사회에 법이 전혀 관여하지 않는 영역은 찾아보기 힘들 정도다. 사람들은 흔히 '법'이라고 하면 범죄와 처벌만을 떠올리지만 생각 외로 많은 일상이 법에 닿아있다. 문화예술 분야도 마찬가지다. 일상에서 종종 맞닥뜨리게 되지만 정확히는 잘 모르는 부분이 많다. 그런데 막상 궁금증을 해결해 보려다가

도 법조문이니, 판례니, 뭐 이런 진입장벽 때문에 그냥 호기심 수준에서 묻혀 버리는 경우가 많다.

이쯤에서 친절하고 시간 많은 백세희 변호사가 등장한다. 그렇다. 이 책은 우리가 일상적으로 접하는 대중문화예술 분야에서 생각해 볼 수 있는 다양하고 시시콜콜한 법적 궁금증을 다룬다. 그런 의미에서 이 책이 예상하는 독자는 넓은 범위에서는 대중문화예술을 사랑하고 법률적 소양까지 쌓고 싶은 일반인이다. 하지만 글을 쓰다 보니 법률적으로 알맹이 없는 글로 지면을 때울 수는 없다는 직업적인 책임감이 발동해 생각보다 체계적이고 전문적인 정보를 담아냈다. 단지 '이런 쟁점이 있더라' 하는 문제 제기에서 끝나지 않고 최종적으로 궁금증을 해소하는 것을 목표로 글을 썼다. 온라인에 게재한 칼럼도 생각보다 많은 이들이 갈무리해 발표나 작은 연구의 참고 자료로 삼고 있었다. 이에 용기를 얻어 좁은 범위로는 학생들에게 문화예술법을 쉽게 알려주고자 하는 강사와 발표를 준비하는 학생도 이 책의 독자로 포섭할 수 있게끔 노력했다.

자신만만하게 독자의 범위를 천명했으므로 어쩔 수 없이 글이 갖는 한계도 밝혀야겠다. 이 책은 2019년 6월부터 포털 사이트 네이버의 공연전시판에 게재한 〈백세희 변호사의 아트로〉 칼럼 중 일부를 재구성해 만들었다. 매 칼럼은 그때그때 시의성

있는 주제를 선택해 수많은 언론 보도와 관련 서적을 참고했다. 그 과정에서 참고 문헌의 나열은 생략했다. 언론 보도는 최대한 '언론 보도에 따르면', '언론은 ~라 한다'는 식으로 인용했고 구체적으로 어느 언론사의 어떤 기사가 출처인지는 밝히지 않았다. 참고 문헌도 사실관계 확인을 위한 크로스 체크(cross-check) 용도로 활용했고 문헌 내 표현을 그대로 인용하지 않아 별도의 각주를 달지 않았다. 역사적 사실관계의 서술을 크로스 체크 없이 빌려다 참고한 책은 저자, 제목, 발행 연도 정도만 간단히 언급했다.

판례의 사건 번호는 내 수준에서 확인할 수 있는 만큼 최대한 명시했다. 일부 하급심 판결이나 아주 오래된 판결 등 내 선에서 검색이 어려운 사건 번호를 알아내기 위해서는 현직 판사들에게 도와달라고 졸라야 하는데, 뭐 그럴 필요까지 있냐는 안일한 생각에 적당히 생략했다.

사진 이미지가 없다는 점도 이 책이 갖는 한계다. 온라인의 〈백세희 변호사의 아트로〉는 다양한 이미지와 캡션으로 재미를 더한 측면이 있다. 하지만 단행본 발행 과정에서 이미지의 저작권을 비롯한 여러 문제, 무엇보다 후딱 발행을 마치고 싶은 내 욕심이 겹쳐져 사진 이미지는 생략했다. 관련 이미지 검색의 수고를 독자에게 넘긴 부분을 사과드리고 싶다.

들어가는 말이 이렇게 이러저러한 출간의 변(辯)을 피력하는 자리가 되고 말았다. 최대한 그물망을 촘촘히 펼치려는 변호사 족속의 특성으로 너그럽게 이해해 주시길 부탁드린다. 아무쪼록 이 책이 대중문화예술을 이해하는 의외의 한 축인 법률에 대한 이해를 높여 결과적으로 더 풍요로운 문화생활에 일조할 수 있길 기원한다. 늘 보던 작품도 법을 알고 다시 보면 또 다른 세계가 열릴지 모를 일이다.

2021년 2월 경기도 양평군에서,
백세희

원래 이런 얘기였던가요?

헐크가 일으킨 문제는 배너 박사가 책임져야 합니까

- 심신장애로 인한 형사 책임의 감면 문제

이중인격은 연극·영화·문학 등에 단골로 등장하는 소재다. 드라마에서는 기억상실증이 더 자주 보이는 것 같긴 한데 애니메이션이나 만화 쪽으로 가면 이중인격, 나아가 셋 이상의 다중인격 주인공이 숱하게 등장한다. 이 모두를 통틀어 가장 유명한(그리고 가장 사고를 많이 치는) 다중인격자는 누굴까? 아마 헐크와 브루스 배너 박사 아닐까? 헐크는 마블 코믹스의 만화 캐릭터로 탄생했다. 배너 박사가 분노를 느끼면 아드레날린이 급격히 분비되어 제어할 수 없는 큰 힘을 지닌 헐크로 변신한다. 이때 배너 박사와 헐크는 완전히 다른 인격이다. 성격도 전혀 다르고 서로 다른 인격이 되었을 때 벌인 일을 기억하지도 못한다.

두 개 이상의 분리된 성격이 각각의 정체성, 특성 및 기억을 지니는 정신 의학적 장애를 '해리성 정체감 장애'라고 한다. '다중인격장애'라고도 하는데 우리에게는 '이중인격'이나 '다중인격'이라는 말이 더 익숙하다.

다중인격장애는 작가들에게는 흥미로운 소재겠지만 당사자와 주변 사람들에게는 큰 고통을 초래할 게 뻔하다. 헐크와 배너 박사도 그렇다. 헐크로 변한 뒤 초래한 각종 파괴 행위의 잔해를 목격하는 배너 박사의 좌절감은 영화나 만화에서 자주 나타나곤 한다. 조금 더 현실적으로 생각해보면 해결해야 할 문제는 배너 박사 자신의 감정 추스르기만으로 끝나지 않는다. 헐크가 망쳐 놓은 도시, 그리고 (영화에서는 결코 보이지 않지만) 무너진 건물에서 혹시나 인명 피해가 발생한다면 누가 책임져야 할까? 헐크는 딱 봐도 제정신이 아니다. 그럼… 배너 박사가 책임져야 할까?

헐크의 형사책임은 형법 제10조 심신장애인의 문제

이중인격자 헐크의 형사 책임 문제는 사실 우리에게 익숙한 법률 개념을 전제로 한다. 바로 형법 제10조의 '심신장애'다. 우리에게는 '심신상실'과 '심신미약'으로 더 잘 알려져 있다. 심신장애는 심신상실과 심신미약을 포함하는 상위 개념이다. 형법 제10조는 주로 술을 마시고 저지른 범죄에 대한 법원의 이른바 '심신미약 감경'에 대중적인 분노가 쌓이면서 널리 알려졌다. 누구나 한마디씩 거들 수 있는 주제면서도 사실 구체적으로는 잘 모르는 주제이기도 하다. 헐크의 형사 책임을 논하는 이번 기회에 조문을 자세히 한 번 살펴보자.

> **형법 제10조(심신장애인)** ①심신장애로 인하여 사물을 변별할 능력이 없거나 의사를 결정할 능력이 없는 자의 행위는 벌하지 아니한다.
> ②심신장애로 인하여 전항의 능력이 미약한 자의 행위는 형을 감경할 수 있다.
> ③위험의 발생을 예견하고 자의로 심신장애를 야기한 자의 행위에는 전2항의 규정을 적용하지 아니한다.

1. 심신상실

형법 제10조 제1항의 심신장애로 인하여 사물을 변별할 능력이 없거나 의사를 결정할 능력이 아예 없는 상태가 바로 '심신상실'이다.

대법원은 2014년 12월 부산시의 사회복지관 3층 복도에서 만난 19개월 아이를 옥외 비상계단 난간으로 데려가 9.2m 아래 땅바닥에 던져 살해한 혐의로 기소된 발달장애인에게 "피고인은 심한 자폐 증세로 사물을 변별하거나 의사를 결정할 능력이 없는 심신상실 상태에서 범행했기 때문에 처벌할 수 없다"라는 이유로 무죄를 선고하며 치료감호를 명령했다(대법원 2016.

11. 24. 선고 2016도10110 판결). 또 2016년 8월 한 모텔에서 친구가 건네준 마약류인 엘에스디(LSD)를 투약하고 열흘 뒤 어머니와 이모를 흉기로 찔러 살해한 20대 남성에게 "LSD 복용으로 자기 행동을 통제할 능력이 상실된 상태에 이르러 범행을 저지른 것으로 보아야 한다"며 살인죄에 대해 무죄를 선고하고 치료감호를 명령한 고등법원 판결도 있다.

우리나라에서 자신이 다중인격이라고 주장하는 범죄자는 가끔 있긴 하다. 그러나 해리성 정체감 장애를 이유로 심신상실 상태가 인정되어 최종적으로 법원에서 무죄를 선고받은 사건은 없는 것 같다. 그런 판례는 배운 적도 없고 일하면서 들은 적도 없는데…. 법원이 인정한 다중인격 범죄자는 아직 없다고 봐도 무방할 것 같다.

2. 심신미약

형법 제10조 제2항에서는 심신상실보다는 정도가 덜하지만 사물을 변별한 능력과 의사를 결정할 능력이 일반인에 미치지 못하는 상태를 '심신미약'이라 한다.

'심신미약 감경'이라는 개념은 우리에게 2008년 12월 경기도 안산시에서 8세 여아를 강간하고 상해를 입힌 '조두순 사건'으로 본격적으로 알려졌다. 당시 조두순은 음주로 인한 심신미약이 참작돼 12년 형을 선고·확정받았다. 이런 결과는 범죄의 잔혹성에 비해 형량이 지나치게 가볍다는 거센 비난을 받았고 심신미약 감경에 대한 사회적 논의에 본격적인 불을 지핀 계기가 되었다.

조두순 재판 당시 심신미약 감경 규정의 가장 큰 문제는 심신미약 상태가 인정되면 법관의 재량의 여지없이 반드시 형을 감경해야만 한다는 데에 있었다. 이를 '필요적 감경'이라 부른다. 이런 감경 규정은 조두순 사건 이후 2010년 「성폭력범죄의 처벌 등에 관한 특례법」의 개정으로 음주·약물로 인한 심신장애 상태에서 행한 성범죄의 경우에는 적용하지 않는 것으로 바뀌었다.

이후 성범죄를 넘어서 다른 모든 범죄에 대한 개정도 이루어진다. 형법상 기존의 필요적 감경이 2018년 11월 29일 국회 본회의에서 법관의 재량에 따라 감경하지 않을 수도 있는 '임의적 감경'으로 개정된 것이다. 이 개정은 같은 해 10월 서울 강서구의 PC방 직원을 잔혹하게 살해한 김성수가 심신미약을 감형의 수단으로 이용하려 하는 데 대한 국민적 공분의 결과로 이뤄졌다. 2018년 12월 18일 개정법이 시행됨에 따라 이제는 술에 취한 상태에서 벌어진 범죄는 법관의 판단에 따라 감경을 할 수도, 하지 않을 수도 있다.

3. 일부러 심신장애 상태를 만든 경우는?

형법 제10조 제3항은 맨정신에 범죄를 저지를 자신이 없는 사람이 일부러 약물이나 술로 심신장애 상태를 만든 때에는 형의 감경 없이 일반적인 고의범과 마찬가지로 처벌한다는 내용이다.

상습적인 대마초 흡연자들이 피해자를 살해할 의사를 가지고 범행을 일단 공모한 다음 대마초를 흡연하고 대마초에 취한 심신미약 상태에서 두 건의 살인을 저지른 사건에서 법원은 형법 제10조 제3항을 적용했다. 즉 심신미약 감경을 하지 않은 것이다(대법원 1996. 6. 11. 선고 96도857 판결). 이 사건에서 대법원은 사형을 선고한 2심의 양형이 적절한 것으로 판단했다.

음주로 인사불성이 된 상태에서 교통사고를 내면 어떨까? 음주운전이라는 행위 그 자체는 당연히 처벌 대상이지만 심신장애 상태에서 일으킨 교통사고는 음주운전과는 별개의 문제다. 당사자는 심신장애로 인한 감경을 주장할 수 있을까? 법원은 음주운전을 할 의사를 가지고 만취한 후 실제로 운전을 해 교통사고를 낸 경우 형법 제10조 제3항을 적용한다(대법원 2007. 7. 27. 선고 2007도4484 판결 등 다수). 즉 음주운전으로 사고가 날 가능성을 충분히 예상할 수 있는데도 술을 마신 것이므로 마땅히 교통사고에 대한 처벌도 받아야 한다는 얘기다.

자, 이제 다시 헐크의 문제로 돌아오자. 일단 브루스 배너 박사가 갑자기 화가 나 헐크로 변하게 되는 장애는 충동조절 장애를 포함하는 단순한 성격적 결함의 문제는 아닌 것 같다. 아예 다른 인격이 되어 버리는 데다 기억도 전혀 없을 정도면 일단 '심신미약'을 넘어서는 '심신상실'이 되어야 할 것 같다. 그러니까 배너 박사가 길을 걷다가 우연히 외부적인 어떤 원인에 의해 갑자기 헐크가 되어 주변을 다 부순다면, 헐크와 배너 박사에게는(아마도 맨정신의 배너 박사가 헐크 대신 법정에 설 것 같다) 형법 제10조 제1항을 적용해 심신상실로 인한 무죄가 선고될 가능성이 상당하다. 형법 제366조 재물손괴죄든 군사상 제한구역에 멋대로 들어가 「군사기지 및 군사시설 보호법」을 위반한 죄든 관계없다.

　그런데 영화에서는 그렇게 단순하지 않았다. 적을 공격하거나 방어해야만 하는 절체절명의 순간에 예상외로 마음이 평온했는지 헐크로 변하지 않는 때가 더러 있었다. 이럴 때 동료들은 배너 박사의 화를 일부러 돋운다. 배너 박사도 분노를 느끼기 위해 노력한다. 이런 식으로 의도적으로 헐크를 소환해 상대방을 뭉개고 건물을 부순다면 얘기가 또 달라지지 않을까?

　그렇다. 이런 경우가 바로 헐크로 변해 문제를 일으킬 수 있는 '위험의 발생을 예견하고 자의로 심신장애를 야기'하는 때에 해당한다. 형법 제10조 제3항이 적용되어 배너 박사는 책임을 피할 수 없다. 재물손괴, 만약 사람이 다치거나 죽었으면 과실치사상, 그리고 「군사기지 및 군사시설 보호법」 위반까지 모조리 다 책임지고 징역을 살아야 한다.

이렇게 되면 배너 박사가 억울할 것 같다. 개인적인 욕심 때문에 굳이 헐크로 변하는 것도 아닌데…. 나아가 법리가 이렇다면 다른 슈퍼 히어로들도 형사 처벌이 두려워 인류를 구하지 않을 수도 있겠다. 큰일이다. 다행히 이럴 때를 대비해 우리 형법은 사용 요건이 엄청 까다로운 비장의 카드를 마련해 두고 있다. 바로 정당행위·정당방위·긴급피난 삼총사다. 이들이 왜 까다로운 카드인지는 논문을 써야 할 정도로 방대한 이야기가 있으므로 다음 글에서 살펴보기로 한다. 지금은 '배너 박사가 헐크 때문에 전과자가 되지는 않을 것 같다' 정도의 결론만 기억하면 된다.

심신미약자에 대한 처벌이 반드시 감경해야 하는 것(필요적 감경)에서 감경하지 않을 수도 있는 것(임의적 감경)으로 개정된 것은 처벌의 '확대'라고 볼 수 있다. 최근 형사 미성년자의 기준 연령을 더 높여야 한다는 주장도 처벌의 확대를 낳는다는 점에서 궤를 같이한다. 이러한 처벌의 확대는 2009년 혼인빙자간음죄와 2015년 간통죄의 위헌 판결 및 폐지처럼 범죄의 성립 그 자체를 '축소'하는 경향과 방향을 달리한다고 볼 수도 있겠다.

이 두 경향은 서로 모순되는 것일까? 자유로운 개인의 선택과 그에 따른 책임의 강화라는 관점에서 생각하면 두 경향이 반드시 모순된다고 볼 수도 없을 것 같다.

그런 의미에서 불쌍한 배너 박사를 생각해본다. 걸핏하면 지구를 날려 버릴 생각만 하는 악당이 쳐들어오는데 사람들이 나만 쳐다보고 있는 상황에서 과연 얼마나 자유로운 선택을 할 수 있을까? 마블의 세계에 한국 형법을 적용하는 일이 생긴다면 법관들이 온정적인 시각으로 슈퍼 히어로들을 대해 주길 바랄 뿐이다!

도시를 파괴한 슈퍼 히어로와 성폭력범의 혀를 절단한 여성, 법은 이들을 어떻게 바라볼까

- 정당방위, 긴급피난을 다룬 작품과 '상당성' 법리 이야기

작품 속 양자택일의 상황은 언제나 흥미롭다. 죽느냐 사느냐 그것이 문제이기도 하지만, 그 선택이 '나를 지키는 것'과 '남을 희생하는 것' 중 하나를 고르는 거라면 생각은 어느새 철학의 영역으로까지 넘어가게 된다. 그래서 문학, 영화 등 대중예술 분야에서는 타인의 희생이 수반되는 선택의 문제를 끊임없이 다룬다. 이런 양심의 선택을 전면적인 주제로 내세운 작품도 물론 있겠지만 대다수의 작품은 이 문제를 자연스럽게 극 중 상황에 녹여내는 것 같다. 그 흐름이 너무나 자연스럽다 보니 우리는 종종 작품 속 주인공이 처한 선택의 순간과 그 결정에 법적인 대가가 따를 수 있다는 사실은 무심코 넘기곤 한다.

그 선택과 대가에 대한 상반된 시선이 등장하는 두 히어로 영화가 있다. 바로 〈어벤져스〉 시리즈와 〈핸콕〉(2008)이다. 기본적으로 히어로들은 무언가를 지키기 위해 다른 것을 파괴한다는 공통점이 있다. 지켜야 할 '무언가'는 대체로 비슷하다. 나와 내 가족, 그리고 전체 인류의 생명. 반면 희생당하는 '다른 것'은 매우 다양하다. 외계인, 인공지능, 이웃 나라, 그냥 그저 그런 도시의 무법자들, 그리고 이들을 물리치기 위해 무너지는 수많은 건물과 교각, 다치는 행인, 망가지는 행정 시스템 등등….

영화 〈어벤져스〉 시리즈에서는 시민들이 히어로들이 초래한 파괴 결과를 대체로 용서해 주는 분위기다. 반면 〈핸콕〉의 시민들은 무자비하다. 손해를 배상하라고 성화인 것도 모자라 주인공 핸콕을 감옥에 보내야 한다고 아우성이다. 단지 서로 다른 영화 속 시민들의 법 감정의 차이일까? 따져보니 시민들의 반응은 생각보다 논리적이었다. 바로 형법상 '정당방위'와 '긴급피난'의 법리에 대한 반응이다.

두 영화는 주로 미국을 배경으로 한다. 정당방위나 긴급피난이 실제로 인정되는 경우는 우리나라와 미국의 간극이 매우 크다. 결론이 정반대인 경우가 많다는 의미다. 그렇지만 법리 그 자체는 크게 다르지 않다. 어째서 두 히어로물의 주인공이 다른 취급을 받는지 정당방위·긴급피난의 법리와 함께 구체적으로 살펴보자.

형법 제21조(정당방위) ①자기 또는 타인의 법익에 대한 현재의 **부당한 침해**를 방위하기 위한 행위는 **상당한 이유**가 있는 때에는 벌하지 아니한다.

②방위행위가 그 정도를 초과한 때에는 정황에 의하여 그 형을 감경 또는 면제할 수 있다.

③전항의 경우에 그 행위가 야간 기타 불안스러운 상태하에서 공포, 경악, 흥분 또는 당황으로 인한 때에는 벌하지 아니한다.

제22조(긴급피난) ①자기 또는 타인의 법익에 대한 현재의 **위난**을 피하기 위한 행위는 **상당한 이유**가 있는 때에는 벌하지 아니한다.

②위난을 피하지 못할 책임이 있는 자에 대하여는 전항의 규정을 적용하지 아니한다.

③전조 제2항과 제3항의 규정은 본조에 준용한다.

우리 형법 제21조는 정당방위를, 제22조는 긴급피난을 정하고 있다. 두 조문의 핵심인 제1항을 자세히 살펴보면 오직 '부당한 침해'(정당방위)가 '위난'(긴급피난)으로 바뀌었을 뿐이라는 걸 알 수 있다. 무슨 차이일까? 형법 교과서에는 "정당방위는 어디까지나 위법한 침해에 대한 정당한 반격이므로 不正 대 正의 관계이며(중략), 긴급피난은 위법하지 않은 침해에 대하여 일정한 한도에서 피난하는 것을 법이 허용하는 것이므로 그것은 正 대 正의 관계라고 할 수 있다"(이재상 저,『형법총론』)라고 쓰여 있다.

잘 와닿지 않는다면 예를 한 번 들어보자. '히어로가 자신을 죽이고 도시를 지배하려는 악당과 싸우다가 길을 막고 있는 자동차 석 대를 밀치고 간판을 떨어뜨려 지나가던 행인이 다쳤다. 악당은 히어로의 손에 최후를 맞이했다.' 이런 상황에는 정당방위와 긴급피난이 모두 들어가 있다. 자신을 죽이려는 악당은 히어로에게 있어 명백한 부정(不正)이다. 따라서 히어로가 악당을 죽인 것은 정당방위에 해당한다. 하지만 길에 들어찬 자동차와 간판과 행인은 무슨 잘못이 있나? 아무 잘못이 없다. 자동차, 간판의 소유자 및 행인은 히어로와의 관계에서 정(正)에 해당한다. 따라서 이들 재물손괴와 상해에 대해서 히어로는 긴급피난이 인정되어 처벌받지 않는다.

영화 〈핸콕〉에서 시민들은 왜 히어로를 감옥에 가두지 못해서 안달이었을까? 이는 정당방위와 긴급피난의 법리 중 지키고자 하는 이익이 희생되는 이익보다 커야 한다는 원칙과 관련이 있다. '상당성의 원칙'이라고도 한다. 〈핸콕〉의 도시는 〈어벤져스〉의 도시들이 처한 위험(정확히는 온 우주가 처한 위험)에 비하면 아주 일상적이고 사소한 문제만 있을 뿐이다. 도시의 무뢰배들이 행패를 부리는 정도다. 주인공 핸콕은 술에 취해 낮잠을 자고 있다가 도주하는 무장 강도 차량을 목격한다. 갑자기 날

아올라 도주 차량을 쫓는 핸콕은 결국 도주 차량을 잡긴 하지만 그 과정에서 도시를 엄청나게 파괴하고 만다. 고속도로에 세워진 거대한 표지판을 부숴 도로 위를 달리던 자동차 몇 대가 사고를 당한다. 도로가 절단 나고 범인들의 자동차를 높은 빌딩 위에 꽂아버리면서 사후 처리를 곤란하게 만든다.

이렇게 '빈대 잡으려다 초가삼간 다 태우는' 상황을 법리적으로는 '상당성을 결여했다'라고 표현한다. 핸콕이 마주한 상황은 무장 강도들이 현재 핸콕 자신이나 시민들을 위협하고 있던 상황이 아니므로 정당방위 상황은 아니다. 그렇다면 긴급피난에는 해당할 수 있을까? 그렇지도 않다. 지키려는 이익과 희생되는 이익의 균형이 맞지 않기 때문이다. 핸콕에게 긴급피난이 성립하기 위해서는 지키려는 이익이 희생되는 이익에 비해 커야만 한다. 하지만 영화에서 달아나는 무장 강도를 잡기 위해 치른 대가가 너무 크다. 그래서 시민들은 핸콕을 감옥에 넣어서 더는 사고를 치지 못하게 해야 한다고 주장한 것이다. 시민들은 긴급피난의 상당성 요건을 아주 잘 알고 있었다.

'강제 키스 혀 절단 사건'의 연대기

모든 상황이 이렇게 깔끔하게 떨어지면 좋겠다. 하지만 현실은 그렇지 않다. 특히 상당성 요건에 관한 논의는 꽤 복잡하다. 이 요건은 실제 정당방위 상황에 적용되는 과정에서 사회적으로 격론을 일으키기도 한다. 개인의 이익이 1:1로 대치되는 상황에서는 사람마다 각기 다른 저울을 갖고 있기 때문이다. 방위행위에 법이 말하는 '상당한 이유'가 있는지는 천편일률적으로 말하기 어렵다. 가령 강제추행을 당하는 상황에서 성범죄 피해자의 반격을 생각해보자. 일반인들이 보기에 일견 비슷해 보이는 상황인데도 법원의 결론은 사건마다 다르다. 강제로 키스를 하려는 상대방의 혀를 깨물어 혀가 잘려나간 사건들에서다. 정당방위가 인정되지 않는다면 이런 행위는 형법 제258조 제2항 '신체의 상해로 인하여 불구 또는 불치나 난치의 질병에 이르게 한' 것에 해당해 중상해죄의 책임을 피할 수 없다.

이런 종류의 사건은 특이해 보이지만 의외로 종종 발생하는 것 같다. 처음 이목을 끈 언론 보도는 1955년에 나왔다. 1955년 11월 서울 영등포구에서 38세 버스 운전기사가 18세 버스 안내양을 일자리를 알선해 주겠다는 핑계로 유인해 강제로 입을 맞추다가 깨물려 혀가 끊어졌다는 보도다. 이른바 '강제 키스 혀 절단 사건'의 첫 언론 보도이다. 재판으로 갔는지는 잘 모르겠다. 확인이 어렵다. 확인되는 최초의 법원 판결은 그로부터 10년 뒤인 1965년에 나왔다. 법원은 방어하다 혀를 깨문 여성에게 "반항이 불가능하지 않았으며, 소리를 질러 구조 요청을 따로 하지 않았다"라는 고전적인 이유로 정당방위를 인정하지 않았다.

24년 후, 1989년 1월 대구고등법원은 비슷한 사건에 대해 정당방위를 인정한다(대구고등법원 1989. 1. 20. 선고 88노512 판결). 이 사건은 같은 해 8월 대법원에서 그대로 확정된다. 대법원은 "정조와 신체를 지키려는 일념에서 엉겁결에 상대방의 혀를 깨물어 설절단상을 입혔다면 피고인의 범행은 자신의 신체에 대한 현재의 부당한 침해에서 벗어나려고 한 행위로서 그 행위에 이르게 된 경위와 그 목적 및 수단, 행위자의 의사 등 제반 사정에 비추어 위법성이 결여된 행위이다"(대법원 1989. 8. 8. 89도358 판결)라고 판단했다.

　　1심에서는 정당방위를 인정받지 못해 유죄를 선고받았다가 2심과 대법원에서 최종적으로 무죄가 된 이 사건은 대법원 판결이 확정된 이듬해인 1990년 영화로도 제작되어 발표됐다. 당시 언론 보도와 신촌 극장의 포스터가 어린이였던 나의 기억에도 어렴풋이 남아있다. 영화 〈단지 그대가 여자라는 이유만으로〉(1990)이다.

　　최근에도 이런 사건들이 가끔 발생했지만 법원의 판단이 공식처럼 정해져 있는 건 아니다. 검찰시민위원회의 의결로 검찰 단계에서 정당방위를 인정받아 불기소 처분이 되는 경우도 있었지만 정당방위가 인정되지 않아 끝내 집행유예를 선고받은 사건도 있다. 이런 엇갈리는 결론에는 역시 다양한 의견들이 뒤따르게 마련이다. 강제추행, 나아가 강간을 피하려 상대방의 혀를 절단하는 것이 과연 정당방위의 '상당성' 요건을 갖춘 것인지를 두고 법원은 "구체적인 사정을 모두 고려할 수밖에 없다"는 입장이다. 이에 대해 '혀를 깨물기 전에 전후 사정을 모두 고려해서 처신하라는 건 지나친 가해자 중심주의가 아닌가'라는 비판도 있고, '혀가 절단돼 평생을 불구로 살아야 하는 상대의 입장도 생각해야만 한다'는 의견도 있다.

　이런 논란은 히어로도 피해갈 수 없을 것 같다. 도망가는 무장강도 차량을 잡겠다고 온 도시를 파괴하는 건 확실히 무리인 것 같다. 그럼 만약 캡틴 아메리카가 총을 들고 사람을 위협하는 강도를 향해 비브라늄 방패를 날려 강도의 뇌를 손상시켰다면 그건 어떻게 생각해야 할까? 상당성을 벗어난 행위일까? 그 강도가 비브라늄 방패 때문에 평생 남의 도움 없이는 살 수 없을 정도의 뇌 손상을 입었다면 어떨까? 역시 쉽지 않은 문제다.

　영화 속 히어로의 파괴 행위와 강제 키스를 피하려는 여성의 상해 행위는 아무런 관련이 없는 듯하면서도 이렇게 서로 닿아있다. 정당방위와 긴급피난의 '상당한 이유' 요건으로 말이다. 정당방위와 긴급피난을 소재로 삼은 작품은 숱하게 많다. 좋아하는 작품에 정당방위와 긴급피난 상황이 있었는지 한 번 생각해보자. 그리고 그 상황에 '상당한 이유'가 있어 법적으로도 허용될 수 있는지도 한 번 생각하면 재미있을 것 같다.

전래동화 『선녀와 나무꾼』, 이대로 괜찮은가

- 전래동화 속 범죄 이야기

　　동서고금을 막론하고 이야기가 갖는 힘은 막강하다. 아주 어린아이도 어른들에게 재미있는 이야기를 해달라고 조른다. 나의 어린 아들도 어느새 '옛날 옛날에'로 시작하는 이야기에 푹 빠졌다. 요즘 나는 밤마다 소방차, 경찰차, 구급차가 동시에 등장하는 이야기를 지어내느라 바쁘다. 이때 민간 구전 예술인 전래동화를 빠뜨릴 수 없다. 비록 각종 특수 자동차를 이야기에 버무리는 게 어렵지만 말이다. 그런데 전래동화를 이야기하다 보면 머뭇거리게 될 때가 있다. 요즘 기준으로 지나치게 잔혹하고 남녀 차별적이며 심지어는 범죄에 해당하는 부분도 있기 때문이다.

　　우리나라의 대표적인 설화인 『선녀와 나무꾼』도 마찬가지이다. 나무꾼이 선녀의 날개옷을 훔쳐 숨기는 것은 아이들도 의아하게 생각한다. 그런데 실상은 더하다. 가만히 들여다보면 생각 이상으로 범죄가 다양하다. 이쯤에서 『선녀와 나무꾼』이야기가 가물가물한 어른 독자를 위해 줄거리를 간략히 쓴다.

　　홀어머니를 모시고 사는 나무꾼은 어느 날 사냥꾼에게 쫓기는 사슴 한 마리를 숨겨 준다. 사슴은 답례로 선녀들이 멱을 감는 연못의 위치 정보와 더불어 날개옷을 감추면 하늘로 올라가지 못한 선녀를 아내로 삼을 수 있을 것이라는 비밀 정보까지 준다. 아이를 셋 이상 낳기 전까지는 절대로 날개옷을 보여주면 안 된다는 말도 잊지 않는다. 나무꾼은 사슴이 일러준 대로 한다. 선녀는 어쩔 수 없이 나무꾼의 아내가 되어 아이를 두 명 낳는다. 몇 년 후, 나무꾼은 선녀의 간곡한 부탁에 그만 날개옷을 보여주고 만다. 선녀는 재빨리 옷을 입고 아이 둘을 양팔에 하나씩 끼고 하늘로 날아가 버린다. 그 후 이러저러한 과정 끝에 결국 나무꾼이 수탉이 되어 버리는 슬픈 결말이지만, 뒷부분에서는 별다른 범죄 행위가 발견되지 않으므로 선녀가 아이들과 하늘로 돌아가는 부분까지만 정리하기로 한다.

　　자, 이제 각설하고 본격적으로 등장인물들의 죄상을 살펴보자. 주인공이며 범죄 혐의가 제일 많은 나무꾼부터 살펴본다. 사슴과 선녀에게도 대한민국 형법을 적용하기로 한다. 공소시효는 논외로 한다.

1. 나무꾼의 행위에 대하여

① 사슴을 숨겨 사냥꾼의 일을 방해한 점

사슴 사냥은 사냥꾼의 생업인데 나무꾼은 이를 방해했다. 사슴의 행방에 대하여 사냥꾼에게 거짓말을 했다면 업무방해죄에 해당할 여지가 있다. 그러나 말하는 재주를 지닌 진기한 사슴의 생명을 살려주느라 거짓말을 했다는 사정을 참작해야 한다. 따라서 나무꾼은 형법 제20조 정당행위 또는 제22조의 긴급피난을 적용받아 결국엔 책임을 면할 가능성, 즉 무죄가 될 가능성이 더 높아 보인다.

> **형법 제314조(업무방해)** ①제313조의 방법 또는 위력으로써 사람의 업무를 방해한 자는 5년 이하의 징역 또는 1천 500만 원 이하의 벌금에 처한다(이하 제2항 생략).
>
> ※ '제313조의 방법'은 '허위의 사실을 유포하거나 기타 위계'를 의미함
>
> **제20조(정당행위)** 법령에 의한 행위 또는 업무로 인한 행위 기타 사회상규에 위배되지 아니하는 행위는 벌하지 아니한다.
>
> **제22조(긴급피난)** ①자기 또는 타인의 법익에 대한 현재의 위난을 피하기 위한 행위는 상당한 이유가 있는 때에는 벌하지 아니한다(이하 제2항 및 제3항 생략).

② 선녀의 날개옷을 훔쳐 계속 감추어둔 점

언뜻 생각하기에 절도죄가 성립할 것 같지만 그리 간단치는 않다. 절도죄의 성립엔 '불법영득의사'가 필요하기 때문이다. 불법영득의사는 권리자를 배제하고 타인의 재물을 자기의 소유물과 같이 그 경제적 용법에 따라 이용·처분할 의사를 말한다. 물건을 훔친다는 고의 이외에 추가로 요구되는 절도죄의 주관적 요건이라고 할 수 있다. 나무꾼은 날개옷을 자기가 입거나 제3자에게 처분하는 것이 아니라 단지 선녀를 곁에 두기 위해 숨겨놓으려 훔친 것이므로 불법영득의사가 인정되지 않을 가능성이 높다. 그렇다면 나무꾼은 형법 제329조의 절도죄가 아닌 제366조의 재물은닉죄에 해당한다. 재물은닉죄가 성립하기 위하여 불법영득의사는 필요하지 않다.

> **형법 제329조(절도)** 타인의 재물을 절취한 자는 6년 이하의 징역 또는 1천만 원 이하의 벌금에 처한다.
>
> **제366조(재물손괴 등)** 타인의 재물, 문서 또는 전자기록 등 특수매체기록을 손괴 또는 은닉 기타 방법으로 기 효용을 해한 자는 3년 이하의 징역 또는 700만 원 이하의 벌금에 처한다.

③ 선녀의 옷을 숨겨 수치심에 연못에서 나올 수 없게 한 점

형법 제276조의 감금죄의 수단과 방법에는 제한이 없다.

chapter 1 – 원래 이런 얘기였던가요?

자물쇠를 채우는 등의 유형적인 방법뿐만 아니라 목욕 중인 사람의 옷을 숨겨 나오지 못하게 하거나 내리지 못하게 차를 질주하는 것, 지붕에 올라간 사람의 사다리를 치우는 등의 무형적인 방법으로도 감금죄를 범할 수 있다. 나무꾼의 경우 선녀의 날개옷을 숨겨 선녀가 연못을 벗어날 수 없게 하였으므로 감금죄가 성립할 수 있다.

> **형법 제276조(체포, 감금, 존속체포, 존속감금)** ①사람을 체포 또는 감금한 자는 5년 이하의 징역 또는 700만 원 이하의 벌금에 처한다(제2항 존속에 대한 부분 생략).

④ 선녀를 데리고 나와 아내로 삼고 아이를 낳게 한 점

형법 제288조는 결혼목적 약취·유인죄를 규정하고 있다. 선녀가 하늘로 올라가지 못한 것도 나무꾼의 사전 범행 때문이고, 연못에 감금된 선녀가 나무꾼을 자신을 구해준 은인으로 믿고 따라갔다면 이는 유인 행위에 해당하므로 위 범죄가 성립할 수 있다. 나아가 만약 나무꾼이 날개옷의 반환을 빌미로 선녀를 협박하여 자신과의 결혼과 출산을 요구하였다면 이는 의무 없는 일을 하게 한 것으로 형법 제324조의 강요죄도 성립할 수 있다.

형법 제288조(추행 등 목적 약취, 유인 등) ①추행, 간음, 결혼 또는 영리의 목적으로 사람을 약취 또는 유인한 사람은 1년 이상 10년 이하의 징역에 처한다(이하 제2항, 제3항 생략).

제324조(강요) ①폭행 또는 협박으로 사람의 권리행사를 방해하거나 의무 없는 일을 하게 한 자는 5년 이하의 징역 또는 3천만 원 이하의 벌금에 처한다(이하 제2항 생략).

⑤ 기타 : 선녀들이 멱 감는 모습을 훔쳐보았다면?

만일 나무꾼이 옷을 벗고 연못에서 멱을 감는 선녀들을 엿보았다면 어떤 형사 책임을 질까? 「성폭력범죄의 처벌에 관한 특례법」(이하 성폭법이라 한다) 제12조는 성적 목적을 위하여 목욕탕 등에 침입한 자를 처벌하는 규정을 두고 있다. 그런데 우리 이야기의 경우 선녀들이 비밀스럽게 이용하는 연못을 위 법 조항이 정하는 '다중이용장소'로 보기에는 무리가 있다. 처벌권의 남용을 막기 위하여 형벌 조항은 엄격하게 해석해야 하기 때문이다. 또한 나무꾼은 애당초 '성적 욕망을 만족시킬 목적'은 없었다고 주장할 수도 있다. 한편, 「경범죄 처벌법」 제3조 제41호에는 지켜보기, 잠복하여 기다리기 등을 처벌하는 규정이 있으나 그 행위는 '지속적'일 것을 요구한다. 나무꾼의 경우 일회성에 그치므로 경범죄 처벌법 위반에도 해당하지 않고 앞서 살펴본 대로 성폭법 위반에도 해당하지 않는다.

성폭법 제12조(성적 목적을 위한 다중이용장소 침입행위) 자기의 성적 욕망을 만족시킬 목적으로 화장실, 목욕장·목욕실 또는 발한실(發汗室), 모유수유시설, 탈의실 등 불특정 다수가 이용하는 다중이용장소에 침입하거나 같은 장소에서 퇴거의 요구를 받고 응하지 아니하는 사람은 1년 이하의 징역 또는 300만 원 이하의 벌금에 처한다.

경범죄 처벌법 제3조(경범죄의 종류) ①다음 각 호의 어느 하나에 해당하는 사람은 10만 원 이하의 벌금, 구류 또는 과료의 형으로 처벌한다.

41. (지속적 괴롭힘) 상대방의 명시적 의사에 반하여 지속적으로 접근을 시도하여 면회 또는 교제를 요구하거나 지켜보기, 따라다니기, 잠복하여 기다리기 등의 행위를 반복하여 하는 사람

2. 사슴의 행위에 대하여

교사란 '타인으로 하여금 범죄 실행을 결의하고 이 결의에 의하며 범죄를 실행하도록 하는 것'을 말한다. 사슴은 범죄 의사가 없던 나무꾼을 부추겨 각종 범죄를 저지르도록 하였으므로 나무꾼의 형법상 범죄에 대한 교사범의 책임을 지울 수 있다.

형법 제31조(교사범) ①타인을 교사하여 죄를 범하게 한 자는 죄를 실행한 자와 동일한 형으로 처벌한다(이하 제2항 및 제3항 생략).

3. 선녀의 행위에 대하여

이 글 전체를 통틀어 선녀의 죄가 가장 난처하고 미묘하다. 선녀는 아이들을 데리고 하늘로 날아갔다. 그런데 그 아이들은 나무꾼의 자녀들이기도 하다. 미성년자의 보호감독자가 여럿인 경우 그중 한 명이 다른 보호감독자와의 관계에서 미성년자를 떼어놓는다면 형법 제287조의 미성년자 약취·유인죄의 주체가 될 수 있다. 문제는 선녀의 행위가 '약취'에 해당하는지 여부이다. 이 문제는 간단치 않다.

형법 제287조(미성년자의 약취, 유인) 미성년자를 약취 또는 유인한 사람은 10년 이하의 징역에 처한다.

우리 판례는 "부모가 이혼하였거나 별거하는 상황에서 미성년의 자녀를 부모의 일방이 평온하게 보호·양육하고 있었는데, 상대방 부모가 폭행, 협박 또는 불법적인 사실상의 힘을 행사하여 그 보호·양육의 상태를 깨뜨리고 자녀를 탈취하여 자기 또는 제3자의 사실상 지배하에 옮긴 행위"는 미성년자에 대한 약취에 해당한다고 본다. 그러나 위와 같이 불법적인 힘을 사용한 경우가 아니라면 "다른 보호감독자의 보호·양육권을 침해하였다는 이유만으로 미성년자에 대한 약취죄의 성립을 긍정하는 것은 형벌 법규의 문언 범위를 벗어나는 해석으로서 죄형법정주의의 원칙에 비추어 허용될 수 없다"고 판시하기도 했다.

실제로 어떤 베트남 국적 여성이 한국인 남편의 의사에 반(反)하여 생후 약 13개월 된 아들을 주거지에서 데리고 나와 베트남으로 함께 출국한 사건이 있었다. 대법원은 "어떠한 실력을 행사하여 아들을 평온하던 종전의 보호·양육 상태로부터 이탈시킨 것이라기보다 친권자인 모(母)로서 출생 이후 줄곧 맡아왔던 아들에 대한 양육을 계속 유지한 행위에 해당하여, 이를 폭행, 협박 또는 불법적인 사실상의 힘을 사용하여 아들을 자기 또는 제3자의 지배하에 옮긴 약취 행위로 볼 수는 없다"는 이유로, 피고인에게 무죄를 선고한 1, 2심이 정당하다고 판단했다. 하지만 유죄에 해당한다는 취지의 대법관 5인의 반대의견도 있었다 (대법원 2013. 6. 20. 선고 2010도14328 전원합의체 판결). 이처럼 미성년자 약취·유인죄에서 '약취 행위'에 대한 판단기준은 아직도 발전 단계에 있다.

선녀의 경우는 어떨까? 나는 개인적으로 유죄라고 생각한다. 명시적인 폭행이나 협박은 없었지만 날개옷이라는 기상

천외한 도구를 이용했고 게다가 떠나간 곳은 비행기를 타고 갈 수 있는 외국 정도가 아니고 도무지 알 수 없는 옥황상제가 산다는 천상계 어딘가이다. 이렇게 영구히 유아를 데리고 간 경우 그 불법성이 훨씬 더 크다고 볼 수 있다. 그러나 위 베트남 여성 사건의 대법원 다수의견의 논지를 그대로 적용한다면 선녀에게 무죄가 선고될 가능성도 배제할 수는 없다. 선녀의 죄에 대해서는 치열한 공방이 예상된다.

전래동화 속 범죄는 비단 『선녀와 나무꾼』 이야기에만 있는 게 아니다. 도깨비가 놓고 간 방망이를 휘두르는 총각은 형법 제360조의 점유이탈물횡령죄에 해당할 수 있고, 효녀 심청이 인당수에 빠지면……. 아, 이건 조금 후 독자들이 직접 확인하실 수 있다. 아무튼 요즘 『선녀와 나무꾼』 이야기는 범죄 외에도 여성주의적 시각에서 문제가 많다는 비판도 받고 있다고 한다. 그러한 관점에서 새로 쓴 선녀와 나무꾼 책도 있다고 하니 한 번 찾아보는 것도 흥미로울 듯하다.

인종차별 혐의를 받는 문화예술 콘텐츠 무엇이 문제일까

- 문화예술 콘텐츠 속의 인종차별과 차별금지법

　　인종차별. 노예 해방을 주요 어젠다 중 하나로 한 미국 남북 전쟁이 북부군의 승리로 끝난 게 1865년, 그러니까 150년이 훌쩍 넘게 지났어도 아직 완전히 해결되지 않은 문제다. 2020년 5월 25일 미국 미네소타에서 백인 경찰 데릭 쇼빈(Derek Chauvin, 1976~)의 과잉 진압으로 조지 플로이드(George Floyd, 1973~2020)라는 흑인 남성이 사망하는 사건으로부터 촉발된 시위는 미국 전역을 넘어서 세계적인 반향을 불러일으켰다.

　　그 반향은 단지 정치·사회적인 영역에만 머물지 않았다. 국제적인 문화 콘텐츠 업계 역시 잇따른 항의에 어떻게든 대응해야만 했다. 그 과정에서 우왕좌왕하는 모습을 보이기도 했다. 동영상 서비스 회사 HBO 맥스의 영화 〈바람과 함께 사라지다〉(1939)의 삭제와 복귀가 대표적인 예다.

　　영화 〈바람과 함께 사라지다〉는 미국 남북 전쟁 당시 노예제를 지지했던 남부 지역을 중심 배경으로 농장주의 딸 스칼릿 오하라와 레트 버틀러의 사랑과 고난을 다룬 1939년 작품이다. 당시 작품상·여우주연상 등 아카데미 8개 부문을 휩쓸어 오늘날까지도 영화계의 고전 명작의 지위를 누리고 있다. 그런데 이 영화가 2020년 6월 9일 흑백 인종차별을 미화했다는 이유로 HBO 맥스의 콘텐츠에서 제외되는 일이 벌어졌다. 오하라 가문의 농장에서 일하는 흑인 노예들의 모습과 남북 전쟁이 끝나고 노예들이 해방되었는데도 옛 주인을 '배신'하지 않는 마미(Mammy)가 미화된 게 특히 문제였다. 삭제는 영화 〈노예 12년〉(2013)의 각본가 존 리들리가 언론 기고문을 통해 HBO 맥스에 〈바람과 함께 사라지다〉의 스트리밍 서비스 중단을 공개적으로 촉구한 직후 이뤄졌다고 한다.

이 영화는 같은 달 24일 다시 복귀한다. 이번엔 '경고 영상'을 첨부했다는 점이 다르다. 이 영상에서는 영화 평론가 재클린 스튜어트가 등장해 영화의 인종차별적 요소를 지적한다. 그는 "영화 속에 담긴 남북 전쟁 이전 남부에 대한 애정 어린 시선은 인종차별과 노예 제도의 참혹상을 제대로 묘사하지 않았다"고 말한다. 또 영화 속의 흑인 하녀 마미 역을 맡은 해티 맥대니얼(Hattie McDaniel, 1895~1952)은 흑인으로서는 처음으로 아카데미상을 받았지만 흑인과 백인은 같은 공간에 앉아서는 안 된다는 당시의 관습 때문에 시상식에서 다른 백인 출연자들의 눈에 띄지 않는 자리에 앉아야만 했다는 점도 지적한다.

영화 〈바람과 함께 사라지다〉의 인종차별적 요소는 조지 플로이드 사건 이전부터 꾸준히 지적되어 오던 문제인데 HBO 맥스에서의 퇴출과 복귀 조치로 이 영화를 둘러싼 논쟁은 어느 정도 수그러든 것 같다. 그렇지만 여전히 논쟁 중인 문화 콘텐츠들은 많다. 남녀노소 사랑받는 콘텐츠 업계의 대표주자 디즈니사(社)도 언제나 논란의 핵심에 있다.

인종차별 논란이 일었던 디즈니사의 작품 몇 개를 살펴보자. 1992년 개봉한 애니메이션 〈알라딘〉에서 주인공들은 백인에 가깝게 그렸지만 악당들은 터번, 턱수염, 크고 굽은 코, 어색한 영어 억양 등 아랍인의 스테레오 타입으로 묘사했다는 지적이 있었다. 1994년 개봉한 〈라이온 킹〉 역시 사자들은 미국 백인들의 억양이지만 악당 하이에나들은 흑인이나 히스패닉의 억양을 쓴다는 점이 지적됐다.

90년대 작품만 문제인 것은 아니다. 비교적 최근인 2017년 개봉한 〈모아나〉에서는 디즈니 작품에서 최초로 폴리네시아인이 주연을 맡았다. 그런데 남태평양 신화 속 인물인 '마우이'가 지금까지의 디즈니 미남 주인공들과는 다르게 뚱뚱하고 못생기고 우스꽝스럽게 표현됐다는 논란이 일었다. 나아가 디즈니사가 핼로윈을 겨냥해 만든 마우이 코스튬 의상이 폴리네시아 원

주민 단체의 거센 항의를 받아 판매를 중단하는 일까지 벌어졌다. 2016년에 〈주토피아〉를 통해 인종을 비롯한 다양한 차별을 극복하자는 메시지로 반향을 불러일으킨 디즈니가 '스타일 구기는' 사건을 만든 셈이다.

앞서 소개한 사건들은 모두 영미권에서 벌어진 일이다. 우리나라는 불구경만 해도 되는 남의 일인가? 그렇지 않다. 2019년 5월 포털 사이트 네이버에 연재되는 어떤 웹툰에서 외국인 생산직 근로자를 비하하는 듯한 묘사가 있었다. 해당 웹툰에 등장한 외국인 노동자는 세미나 장소로 제공된 더러운 숙소를 보고 "너무 근사하다, 캡", "세미나 온 게 어디냐. 평생 다니고 싶다"라고 말한다. 사람들은 동남아시아 출신 노동자들에 대한 노골적인 인종차별이라며 분개했고, 작가가 사과하며 일단락됐다.

불과 몇 년 전까지는 예능도 문제였다. 2017년 국내 예능 프로그램에서 출연진이 우스꽝스러운 흑인 분장을 한 것이 국제적인 망신거리가 되기도 했다. 미국의 언론에서까지 이 사건을 다루자 결국 프로그램의 제작진이 공개 사과를 하기도 했다.

인종차별적 표현을 '법'으로 금지할 수 있을까?

어떻게 보면 악의적이라고 볼 수도 있고 인종차별 문제에

'무신경한 태도' 때문에 벌어진 일이라고 볼 수도 있다. 실수였다면 사과하고 용서받을 수도 있겠지만 인종차별 표현이 악의적인 것이었다면 그냥 용서하기 쉽지 않다. 강력하게 금지할 수 있는 한 방이 없을까? 법으로 해결하면 어떨까? 이런 짓 하지 말라고 법 만드는 것 아닌가?

인종차별적인 표현을 대하는 각국의 입법 태도는 제각각이다. 인종과 관련한 역사, 문화, 시민 의식이 다르기 때문이다. 영국, 프랑스, 독일 등 유럽 국가들은 인종, 민족, 종교 등에 대한 차별을 형사 처벌로 다스리는 경향이 있다. 이때 인종차별금지법 등 별도의 차별금지법령이 처벌의 근거가 된다. 반면 미국은 표현의 자유를 전폭적으로 지지하는 사회적 분위기로 인해 형사 처벌보다는 민사상 손해배상이나 행정정 제재로 해결하려는 경향이 강하다. 이런 배경에는 금전 배상을 중시하는 인식이 한몫한다.

우리나라는 어떨까? 결론적으로 말해 우리나라에는 '인종차별금지법'이란 개별 법령은 없다. 개별 법령이 없는 것은 물론이고, 단 하나의 조문으로라도 인종차별적 표현이라는 이유만으로 행위자를 처벌할 수 있는 근거는 없다. 그렇다고 인종차별적 표현에 면죄부가 주어지는 것은 아니다. 차별 표현은 형법상 모욕죄나 명예훼손죄로 처벌받을 수 있다.

그렇다고 우리나라 입법부가 차별 행위에 대해 아예 손을 놓고 있는 것은 아니다. 현재 우리나라에는 「장애인차별금지 및 권리구제 등에 관한 법률」(약칭 장애인차별금지법), 「고용상 연령차별금지 및 고령자고용촉진에 관한 법률」(약칭 고령자고용법), 「남녀고용평등과 일·가정 양립 지원에 관한 법률」(약칭 남녀고용평등법) 등 개별적 차별금지법이 있다. 문제는 차별의 원인이 되는 쟁점을 하나하나 다 법률로서 제정하는 것은 이론상으로도 현실적으로도 불가능하다는 데 있다. 인간과 인간 사이의 차이점은 끝도 없이 만들어낼 수 있기 때문이다.

그래서 꽤 오랫동안 '포괄적 차별금지법'을 제정해야 한다는 목소리가 있었다. 우리나라는 2008년부터 UN의 포괄적 차별금지법 제정 권고를 수차례 받아 왔다. 실제로 국회가 2007년부터 몇 차례에 걸쳐 입법을 시도했지만 그때마다 회기 종료와 함께 폐기되고 말았다. 그러다 2020년 6월 29일 정의당의 장혜영 의원의 대표 발의로 포괄적 차별금지법이 다시 발의되었다. 정의당의 차별금지 법안에는 합리적인 이유 없이 성별, 장애, 나이, 언어, 출신 국가, 출신 민족, 인종, 국적, 피부색, 출신 지역, 용모 등 신체 조건, 혼인 여부, 임신 또는 출산, 가족 및 가구의 형태와 상황, 종교, 사상 또는 정치적 의견, 형의 효력이 실효된 전과, 성적 지향, 성별 정체성, 학력, 고용 형태, 병력 또는 건강 상태, 사회적 신분 등을 이유로 생활 모든 영역의 차별을 금지·

예방하는 내용이 담겨 있다.

이 법안은 지금 엄청난 논란에 휩싸여 있다. '포괄적 차별금지법'이라고 인터넷 검색 창에 적어 넣으면 바로 연관 검색어로 '포괄적 차별금지법 반대'가 나온다. 입법에 반대하는 국회 국민 청원도 엄청난 숫자를 늘려나가고 있다. 이 반대 청원은 '포괄적 차별금지법은 동성애를 조장하여 건강한 가정을 해체하며, 사회를 유지하는 기본적인 도덕을 파괴할 뿐 아니라 헌법을 위반하여 신앙과 양심, 학문과 표현의 자유를 명백히 침해한다'는 내용이다. 제정 반대 여론은 보수·기독교계를 중심으로 전폭적인 지지를 받고 있다. 실제로 법이 제정될지는 한 치 앞을 내다보기 어려운 상황이다.

상황이 이러하니 국내의 인종차별 문제는 당분간 형법상 모욕죄와 명예훼손죄로 해결해야 할 것 같다. 그런데 모욕죄나 명예훼손죄는 피해자를 구체적으로 특정할 수 있어야 한다. 흑인 분장이나 동남아시아 출신 외국인 노동자에 대한 비하는 피해자를 구체적인 누구누구로 딱 꼬집을 수 없어 처벌하기 어렵다. 결국에는 우리 사회에 전반적인 분위기의 쇄신으로 해결하는 수밖에 없다(이런 애매모호한 결론이!).

이른바 'PC(political correctness, 정치적 올바름)' 문제를 바

라보는 사람들이 시각은 천양지차다. 앞서 소개한 영화 〈바람과 함께 사라지다〉의 인종주의적 문제점을 지적한 기사에 달린 댓글을 보면 알 수 있다. 자신의 무신경함을 깨달았다는 글부터 '그럼 과거 세대를 다 부정하자는 것이냐'며 '쓸데없는 짓'이라는 글까지 대립이 팽팽하다. 이제 PC는 지겹다는 사람들도 있다. PC가 지겹다면 흑인 인권 운동가 맬컴 엑스(Malcolm X, 1925~1965)의 일화를 떠올려보자. 그는 어린 시절 〈바람과 함께 사라지다〉 때문에 상처를 받았다고 한다. 극장에서 백인들 사이에 끼어 이 영화를 봤을 때 영화 속의 흑인 묘사 때문에 쥐구멍에 숨고 싶을 만큼 창피했다고 한다.

인종차별 문제가 아직은 강 건너 불구경같이 느껴지지만 우리도 외국에 나가면 언제든지 피해자가 될 수 있다. 국내에서는 언제든지 가해자가 될 수도 있다. 지금 당장은 내 일 같지 않아도 어린이 맬컴 엑스에 한 번쯤 감정 이입을 해 보면 어떨까.

사기, 인신매매, 자살방조…『심청전』, 이런 얘기였던가
- 효녀 심청 설화의 법률적 해석

2020년은 시작부터 코로나19 바이러스의 전 세계적인 창궐로 내내 뒤숭숭했다. 바이러스의 확산 추세는 잠잠해지는 듯 마치 폭풍 전야처럼 불안감만 증폭시키다가 다시 확산 국면에 접어들기를 반복했다. 공연 애호가들에게는 온탕과 냉탕을 넘나드는 시기였다. 수많은 공연 일정이 취소·변경되었다. 그 와중에도 계절은 바뀌고 바이러스 확산에 대한 정부와 시민들의 대응이 안정되며 조금씩 공연을 재개할 수 있었다. 그렇게 우여곡절 끝에 제41회 서울연극제가 개막했다. 서울연극제는 5월 2일부터 31일까지 한 달여간 서울 대학로의 주요 공연장에서 총 8편의 작품을 발표했다. 그중 특히 내 관심을 끈 것은 우리에게 익숙한 효녀 심청 이야기를 소재로 한 〈달아 달아 밝은 달아〉였다.

〈달아 달아 밝은 달아〉는 소설『광장』으로 잘 알려진 작가 최인훈(1936~2018)의 희곡을 바탕으로 한다. 나는 이번에 처음으로 소설가 최인훈이 희곡도 다수 집필했다는 사실을 알게

되었다. 더욱 놀라운 것은 심청의 삶이 상당히 폭력적으로 묘사된다는 점이다. 작품 속의 심청이 물에 빠져 이르게 되는 '용궁'은 금은보화와 따뜻한 환대가 기다리는 아름다운 바닷속 궁전이 아니다. 최인훈의 용궁은 매춘업소이다. 눈먼 아버지를 위해 용감히 자신을 희생해 행복을 맞이하는 과거의 심청과는 전혀 다른 결말이다. 희곡의 원작자는 효녀 심청 설화가 유교적 발상에 의해 자식의 부모 봉양을 강요하고 정당화하는 텍스트였던 것은 아닌지 뒤돌아보아야 한다는 메시지를 남겼다. 연극 〈달아 달아 밝은 달아〉의 연출자는 이보다 더욱 보편적인 인간들의 삶과 희망에 대한 문제에 접근했다고 한다.

심청이라는 인물은 어린 시절 언제쯤 처음으로 알게 된 것인지조차 기억나지 않을 만큼 자연스럽게 온 국민이 알고 있는 캐릭터이다. 그런 인물을 둘러싼 맥락을 재해석해 진한 메시지를 남기는 인물로 다시 만들어 내다니. 작가의 통찰력이 놀라울 따름이다. 나도 그런 재능이 있었다면 변호사가 아니라 잘나가는 극작가가 되었겠지만…. 안타깝게도 온 국민이 알고 있는 인물과 줄거리를 이용해 내가 할 수 있는 일은 이른바 '케이스 스터디'뿐이다. 자, 그럼 할 수 있는 일을 해보자. 효녀 심청 설화를 분석해 보았다. 줄거리를 심청이 공양미 300석 때문에 인당수에 배를 타러 아버지를 떠나기 전·후, 이렇게 두 부분으로 나누어 살펴보자.

<Part 1. 공양미 300석>

심 봉사는 곽 씨 부인 사이에서 딸 심청을 낳았다. 안타깝게도 곽 씨 부인은 출산 후 얼마 지나지 않아 세상을 떠났다. 딸을 힘들게 키운 심 봉사는 어느 날 길을 걷다가 깊지 않은 연못에 빠지고 말았다. 때마침 그 옆을 지나던 스님이 그를 구해주며 "공양미 300석을 시주하면 눈을 뜰 수 있다"라고 말했다. 심 봉사는 그렇게 하겠노라고 약속을 했고 심청은 이 사실을 알게 된다. 고민 중이던 심청은 때마침 인당수에 제물로 바칠 처녀를 구하고 있는 상인들을 만나 쌀 300석을 주면 자신이 제물이 되겠노라 말하고 아버지를 떠난다.

일단 여기까지 보자. 형사 문제부터 살핀다. 공양미 300석을 둘러싼 문제는 조금 복잡하다. 스님이 심 봉사에게 사기를 친 걸까? 스님의 언행 그 자체와 그런 말을 하게 된 경위 등을 구체적으로 살펴보아야 한다. 스님이 단지 '공양미를 받으면 심 봉사가 눈을 뜰 수 있게 부처님께 열심히 빌어주겠다'라는 취지로 말했다면 형법 제347조 제1항의 사기죄가 성립하지 않을 가능성이 높다. 우리 법원은 '굿을 하면 건물을 비싸게 팔 수 있다'라고 사람을 속여 2억 1,000만 원을 받은 무속인에 대해 돈을 받고 굿

을 한다는 것 자체가 곧 사람을 속이는 행위는 아니라는 취지로
판단한 바 있다.

> **형법 제347조(사기)** ①사람을 기망하여 재물의 교부를 받거나 재
> 산상의 이익을 취득한 자는 10년 이하의 징역 또는 2천만 원 이하
> 의 벌금에 처한다.

> "어떤 목적된 결과의 달성을 조건으로 하는 경우에 있어서도, 그
> 시행자가 객관적으로 그러한 목적 달성을 위한 무속 행위를 하고,
> 또한 주관적으로 그러한 목적 달성을 위한 의사로서 이를 한 이상,
> 비록 그 원하는 목적이 달성되지 않았다 하더라도 그와 같은 사정
> 만으로 시행자인 무당 등이 굿 등의 요청자를 기망하였다고 보기
> 어렵다."

> (수원지방법원 2019. 5. 21. 선고 2019고단528 판결 : 항소 [사기])

스님이 쌀 300석만 시주하면 바로 눈을 뜰 수 있다고 장
담한 것인지 아닌지는 분명하지 않다. 만약 스님이 눈을 뜰 수
있다고 단정적으로 이야기했고, 실제로 공양미로 눈을 뜬 사례
가 스님에게 확신에 가까울 만큼 존재하지 않고, 시주와 신체
적 장애의 개선 사이의 인과관계에 대해 스님 자신도 조금이라
도 의심을 한 정황이 있다면 스님이 사기죄를 피하기는 쉽지 않

아 보인다. 앞서 소개한 수원지방법원의 항소심 판결에서도 무속인은 결과적으로 종교 행위인 무속 행위로서 허용될 수 있는 한계를 벗어나 무속 행위를 가장하여 피해자로부터 돈을 편취한 것으로 결론 내렸다.

> "피고인은 '(생략) 다만 발원기도기원비 명목으로 2억 원을 지급받기로 약속한 것이다'라고 주장하나, 피해자는 수사기관에서부터 일관되게 모텔이 언제 팔릴 것인지를 알아보기 위해 피고인을 찾아갔다고 진술한 점, 피고인은 피해자로부터 약정한 선납금 1억 원 중 일부를 교부받자 나머지 금액을 받기 위하여 곧바로 피해자 소유 모텔에 방문하고, 그 이튿날 나머지도 교부받게 된 점, 피고인이 피해자와 진정하게 작성한 것이라고 주장하는 약정서에도 '모텔 등 소유하고 있는 재산의 매매가 안 된다고 하더라도 민형사상 이의를 제기하지 않겠다'는 내용이 기재되어 있는 점 등에 비추어 피고인의 주장은 설득력이 떨어지는 등 여러 사정을 종합하면, 피고인은 종교 행위인 무속 행위로서 허용될 수 있는 한계를 벗어나 무속 행위를 가장하여 피해자로부터 돈을 편취한 것이다."

(수원지방법원 2019. 5. 21. 선고 2019고단528 판결 : 항소 [사기])

그런데 스님이 정말로 시주로 눈을 뜰 수 있다고 굳게 믿었다면? 사기죄의 본질인 '기망', 즉 '알면서도 속였다'는 점을 입중할 수 없어 사기죄는 무죄가 될 것이다. 스님과 변호사는 아마 그 믿음과 근거에 대해 정말 열심히 입증해야 할 거다.

자, 이제 상인들의 죄를 살펴보자. 형법 제287조의 미성년자 약취·유인죄 또는 제288조 제1항의 영리목적약취·유인죄가 성립할 수 있을까? 약취와 유인은 폭행·협박·기망·유혹을 수단으로 한다. 그런데 심청은 처녀를 구한다는 상인의 소문을 듣고 제 발로 그들을 찾아간 것이다. 만일 상인들이 심청에게 먼저 접근했다고 하더라도 단순히 자신들이 처녀를 구하고 있다는 사실을 말한 것만으로는 약취·유인이라는 행위에 이르렀다고 보기 어렵다. 따라서 약취·유인죄는 성립하기 어렵다. 그렇다 하더라고 상인들에게 죄가 없는 것은 아니다. 우리 형법은 제289조에서 인신매매를 처벌하고 있다. 사람을 매매한 사람은 7년 이하의 징역에 처한다. 영리 목적이 더해지면 형이 더 무거워진다. 상인들에게는 인신매매죄가 성립한다.

형법 제287조(미성년자의 약취, 유인) 미성년자를 약취 또는 유인한 사람은 10년 이하의 징역에 처한다.

제289조(인신매매) ①사람을 매매한 사람은 7년 이하의 징역에 처한다.

②추행, 간음, 결혼 또는 영리의 목적으로 사람을 매매한 사람은 1년

이상 10년 이하의 징역에 처한다.

③노동력 착취, 성매매와 성적 착취, 장기 적출을 목적으로 사람을 매매한 사람은 2년 이상 15년 이하의 징역에 처한다.

④국외에 이송할 목적으로 사람을 매매하거나 매매된 사람을 국외로 이송한 사람도 제3항과 동일한 형으로 처벌한다.

심청은 계약에 묶여야만 할까?

민사 문제로 넘어가자. 심청이 상인들과의 계약을 꼭 지켜야만 할까? 인신매매 계약은 반사회적인 계약이다. 선량한 풍속 기타 사회질서에 위반한 사항을 내용으로 하는 법률행위는 자동으로 무효다(민법 제103조). 게다가 심청은 미성년자이다. 미성년자의 법률행위는 미성년자 본인은 물론이고 법정대리인(부모 등)이 취소할 수도 있다. 따라서 심청과 심 봉사는 상인들과의 약속은 무시해도 된다. 만약 심청이 쌀만 받고 배를 타지 않으면? 우리 민법은 제746조에서 불법적인 원인으로 받은 재산은 반환하지 않아도 되는 것으로 정하고 있다. 심청은 쌀 300석에 얽매이지 않아도 되는 상황이었다. 가여운 심청! 나 같은 변호사가 옆에 있었더라면!

이런 끔찍한 계약의 효력에 대해서는 추후 「인어공주의 계약, 제가 해결해드리겠습니다」에서 자세히 언급할 예정이다.

인어공주 이야기에서는 민법 제103조 반사회 질서의 법률행위, 미성년자의 법률행위 능력 및 취소권에 대해 자세히 살펴본다.

〈Part 2. 용궁에서〉

상인들과 배를 탄 심청은 결국 인당수에 몸을 던진다. 심청은 용궁에 이르러 따뜻한 환대를 받고, 용왕님은 심청이 결혼 적령기에 이르자 커다란 연꽃 봉오리에 심청을 넣어 인간 세계로 돌려보낸다. 꽃에서 피어난 심청은 황제와 결혼한다. 그사이 심 봉사에게는 무슨 일이 있었을까? 심 봉사는 눈을 뜨지 못했다. 설상가상으로 뺑덕어멈이라는 '나쁜 여자'의 화신과도 같은 인물을 만난다. 심청이 아버지를 다시 만나고자 황제에게 맹인들을 위한 잔치를 열어줄 것을 요청하고, 잔치 소식을 들은 심 봉사가 뺑덕어멈과 같이 길을 나서지만 여정 도중 뺑덕어멈은 다른 맹인을 만나 심 봉사를 버리고 떠나버린다. 잔치에서 심봉사와 심청은 재회한다. 해피엔딩이다.

상인들의 무시무시한 죄가 여기 또 있다. 형법 제252조 제2항의 자살 교사·방조죄이다. 자살 의사가 없는 자에게 자살을 결의하게 하는 것은 교사, 이미 자살을 결심하고 있는 사람을 도와 자살을 쉽게 만들어 주는 것이 방조다. 그 수단과 방법엔

제한이 없다. 심청이 처음부터 죽을 생각으로 방법을 찾고 있었던 것이라면 상인들은 자살 방조죄의 책임을 지고, 그렇지 않으면 자살 교사에 해당할 것이다. 교사든 방조든 1년 이상 10년 이하의 징역이라는 형량은 같다. 다만 심청이 결과적으로 죽지 않고 살아났으므로 '자살 교사 또는 방조 미수죄'가 될 것이다. 우리 형법은 제25조 제2항에서 '미수범의 형은 기수범보다 감경할 수 있다'라고 정한다. 즉 미수에 그쳤다고 해서 반드시 형을 깎아줘야 하는 것은 아니라는 의미다. 미수 감경을 할 것인지는 판사의 재량에 따른다.

> **형법 제252조(촉탁, 승낙에 의한 살인 등)** ①사람의 촉탁 또는 승낙을 받아 그를 살해한 자는 1년 이상 10년 이하의 징역에 처한다.
> ②사람을 교사 또는 방조하여 자살하게 한 자도 전항의 형과 같다.
> **제25조(미수범)** ①범죄의 실행에 착수하여 행위를 종료하지 못하였거나 결과가 발생하지 아니한 때에는 미수범으로 처벌한다.
> ②미수범의 형은 기수범보다 감경할 수 있다.

심 봉사를 버린 뺑덕어멈도 죄가 있을까? 둘 사이가 어떤 관계냐에 따라 결론이 달라진다. 형법 제271조 제1항은 유기죄를 정하고 있다. 유기죄가 성립하기 위해서 가장 중요한 요소는 행위자가 피해자와의 관계에서 '법률상 또는 계약상 의무자'인지 여부이다. 심청전에서는 뺑덕어멈과 심봉사가 남녀로 결합하여 서로를 보살피는 상태로 보이는데, 이와 관련하여 우리 판례는 동거하며 내연 관계를 맺어왔다는 사실만으로는 민법에 근거한 부부간의 부양의무를 인정할 수 없다는 입장이다.

> **형법 제271조(유기, 존속유기)** ①노유, 질병 기타 사정으로 인하여 부조를 요하는 자를 보호할 법률상 또는 계약상 의무 있는 자가 유기한 때에는 3년 이하의 징역 또는 500만 원 이하의 벌금에 처한다(이하 제2항 내지 제4항 생략).

"법률상 보호의무 가운데는 민법 제826조 제1항에 근거한 부부간의 부양의무도 포함되며, 나아가 법률상 부부는 아니지만 사실혼 관계에 있는 경우에도 위 민법 규정의 취지 및 유기죄의 보호법익에 비추어 위와 같은 법률상 보호의무의 존재를 긍정하여야 하지만, 이러한 사실혼에 해당되어 법률혼에 준하는 보호를 받기 위하여는 단순한 동거 또는 간헐적인 정교 관계를 맺고 있다는 사정만으로는 부족하고, 그 당사자 사이에 주관적으로 혼인의 의사가 있고 객관적으로도 사회관념상 가족질서적인 면에서 부부공동생활을 인정할 만한 혼인생활의 실체가 존재하여야 한다."

(대법원 2001. 1. 30. 선고 2000도4942 판결, 대법원 2001. 4. 13. 선고 2000다52943 판결 등 다수)

대법원의 확립된 견해에 의할 때, 심 봉사와 뺑덕어멈의 관계를 법률혼이나 사실혼으로 본다면 뺑덕어멈에게는 유기죄가 성립한다. 하지만 그 둘 사이가 단순한 동거인에 불과하다면 뺑덕어멈에게 유기죄의 죄책을 묻긴 어려울 것이다.

이 원고를 온라인에 게재했을 때 100개가 훌쩍 넘는 댓글이 쏟아졌다. 동심을 파괴한다는 둥, 시간 낭비하지 말고 법률지식을 더 좋은 일에 쓰라는 둥, 동화를 동화로만 봐야지 쓸데없는 짓 한다는 둥 나의 약점을 찌르는 예리한 댓글이 참으로 많이 달렸었다. 그중 의미 있는 지적도 있었다. 법의 적용 범위나 관할 문제 등이다. 『심청전』도 마찬가지다. 중국 송나라를 배경으로 한 이야기인데 왜 현대의 대한민국 법을 적용하느냐는 의문도 분명히 생길 것이다. 다 알고 있다. 새로운 사례를 만드는 것보다 누구나 다 아는 전래동화가 사실관계를 압축하기 편해서 소재로 삼았을 뿐이다. 재미있으라고 쓴 얘기니 적당히 즐겨주셨으면 한다.

왜 이거밖에 법률적 쟁점을 못 찾아냈냐는 원망도 들을 법하다. 『심청전』에서도 남의 집 허드렛일을 하며 심 봉사를 먹여 살리던 곽 씨 부인의 사망에 대해 출산 휴가 제도를 생각해 볼 수 있고, 어느 날 갑자기 사라진 심청에 대해 실종선고도 생각해 볼 수 있다. 물 샐 틈 없이 다 망라해서 쓰면 좋겠지만 다른 이들 말마따나 너무 한가하고 시간 많아 보일 것 같아서 여기까지만 썼다. 최인훈의 〈달아 달아 밝은 달아〉같은 훌륭한 작품조차도 '기존의 효에 대한 교훈과 전통적 가치를 담은 이야기를 폭력적으로 왜곡했다'는 비난을 받았다는데…. 나의 졸고에 대한 비난이 저 정도에 그친다면 오히려 감사할 일이다!

인어공주의 계약, 제가 해결해드리겠습니다
- 계약의 유·무효, 취소에 대한 법적 자문

2019년 7월 디즈니사가 애니메이션 〈인어공주〉(1989)의 실사 영화 주인공 캐스팅을 확정해 발표했다. 당시 각종 인터넷 사이트는 꽤 소란스러웠다. 애니메이션에서의 하얀 얼굴, 붉은 머리카락과 다른 짙은 색 피부에 검은 머리카락의 애리얼이 웬 말이냐는 의견과 그게 안 될 이유가 대체 뭐냐는 반론이 팽팽하게 맞섰다.

그 틈바구니에서 조금 다른 관심사를 가진 나 같은 사람도 있다. 나는 예전부터 마녀 우르슬라의 현란한 쇼와 함께 이루어지는 애리얼의 '신체기능 양도계약' 장면을 볼 때마다 그 해결 방법을 모색하느라 혼자 분주했다. 직업 정신이 발동해서 그렇다. 사실 나는 실사화 버전의 결말은 과연 민법상 계약 법리에 합당하게 이루어질 것인지가 캐스팅보다 더 궁금하다. 이미 디즈니사는 안데르센 원작의 비극적 엔딩을 해피엔딩으로 180도 바꾸어 놨으니, 실사 영화에서는 '법대로 합시다'라고 말하며 현실적인 결론을 내릴지 그 누가 알랴. 그러면 장르가 법정물로 바뀔 수도 있는 걸까. 너무 멀리 가진 말자.

마녀와 인어공주의 '신체기능 양도계약'?

계약 내용을 요약하면 다음과 같다. '애리얼이 우르슬라에게 목소리를 넘겨주는 대신 우르슬라는 그 반대급부로 애리얼에게 다리를 만들어 준다. 그런데 그 다리는 임시적일 뿐이다. 영구적인 다리가 되기 위해서는 뭍에 사는 왕자와 3일 안에 진정한 사랑의 키스를 해야만 하는 조건이 붙어있다. 3일 안에 키스를 하지 못하면 애리얼은 다시 인어로 돌아와서 쭈그러든 무말랭이 같은 미물이 되어 우르슬라에게 복속되어야 한다.'

철부지 애리얼은 그 계약서에 서명을 했다. 그러나 애리얼은 우르슬라의 방해로 왕자와 키스하는 데 성공하지 못한다. 뒤늦게 그 사실을 알게 된 애리얼의 아버지이자 바다의 통치자인 트리톤은 차마 막내딸을 머리와 몸통만 있는 무말랭이로 만들 수 없어서 자신이 대신 미물이 되어 버린다.

만약 트리톤이 성급하게 그런 결정을 내리기 전에 법률 전문가의 상담을 받았더라면 어땠을까? 인어공주도 계약서에 서명하기 전에 변호사와 의논했다면? 좀 더 평화로운 해결이 가능했을 수 있다. 영화의 후반부에 우르슬라가 거인이 되고, 배가 부서지고, 왕자가 죽을 뻔하는 등의 사단을 겪지 않고 말이다. 물론 아쉽게도 평화로운 해결은 시간이 좀 더 오래 걸리는 문제가 있긴 하다.

트리톤이 나를 찾아와 상담을 요청했다면 아마 다음과 같은 세 가지 의견을 제시했을 것이다. 첫 번째, 처음부터 무효로 만들어 버리는 방법. 두 번째, 일단 계약은 유효하지만 취소하는 방법. 그리고 세 번째, 계약은 유효하고 취소하지도 않으면서 계약 내용을 애리얼에게 유리하게 주장하는 방법이다. 순서대로 설명해 보겠다. 명시된 법조문은 모두 대한민국 민법의 일부다. 실제 소송에서도 변호사들은 이렇게 효력이 강력한 순서대로 여러 가지 가능한 주장을 전부 다 나열하곤 한다.

1. 처음부터 무효라는 주장

> **민법 제103조(반사회질서의 법률행위)** 선량한 풍속 기타 사회질서에 위반한 사항을 내용으로 하는 법률행위는 무효로 한다.
> **제104조(불공정한 법률행위)** 당사자의 궁박, 경솔 또는 무경험으로 인하여 현저하게 공정을 잃은 법률행위는 무효로 한다.

먼저 민법 제103조와 제104조를 근거로 계약 자체의 '무효'를 주장할 수 있다. 법률상 무효는 쉽게 말하자면 처음부터 없던 일이라는 뜻이다. 목소리라는 신체 기능을 양도하고 멀쩡한 지느러미를 반으로 갈라 다리로 만들다니! 아무리 당사자가 합의했다 하더라도 이는 사회통념상 용인될 수 없는 계약으로서 민법 제103조에 의하여 무효다. 애리얼의 친구들과 세바스찬 역시 그 내용을 알고 충격을 받지 않았던가. 이건 마치 사채업자가 '신체포기각서'를 들이미는 것과 같은 충격이다. 게다가 우르슬라는 사랑에 눈이 먼 철부지 막내 공주님 애리얼을 현란한 쇼로 홀려서 불공정한 계약에 서명하게끔 만들었다. 우리 민법 제104조는 이러한 경우를 대비하여 궁박하고 경솔하고 경험이 없는 당사자를 보호하는 규정을 두었다.

2. 일단 유효한 계약이지만 취소하겠다는 주장

그런데 바닷속 나라는 민법 제103조의 '선량한 풍속', '사회질서', '공정'이라는 개념에 대한 해석이 우리와는 다를 수 있다. 다양한 사회·경제 영역과 시대 변화에 탄력적으로 대응하기 위하여 법에 이러한 일반 개념을 두는 것은 피할 수 없다. 하지만 추상적이고 모호한 개념에 근거하여 거래의 효과 유무를 원천봉쇄하는 것은 조심스럽게 접근할 수밖에 없다. 따라서 변호사로서는 바닷속 사법부가 목소리를 대가로 다리를 찢어주는 계

약이 그다지 반사회적이지 않다고 판단할 가능성에도 대비해야
만 한다. 이럴 때는 애리얼이 16세의 미성년자라는 사실을 이용
할 수 있다.

> **제4조(성년)** 사람은 19세로 성년에 이르게 된다.
>
> **제5조(미성년자의 능력)** ①미성년자가 법률행위를 함에는 법정대
> 리인의 동의를 얻어야 한다. 그러나 권리만을 얻거나 의무만을 면
> 하는 행위는 그러하지 아니하다.
>
> ②전항의 규정에 위반한 행위는 취소할 수 있다.
>
> **제140조(법률행위의 취소권자)** 취소할 수 있는 법률행위는 제한
> 능력자(중략), 그의 대리인 또는 승계인만이 취소할 수 있다.
>
> **제141조(취소의 효과)** 취소된 법률행위는 처음부터 무효인 것으로
> 본다(단서 생략).

만 16세의 미성년자인 애리얼은 법정대리인인 아버지 트
리톤의 동의 없이 '계약'이라는 법률행위를 했다. 오직 권리만 얻
거나 의무에서만 벗어나는 법률행위는 미성년자라도 법정대리
인의 동의 없이 할 수 있다. 애리얼의 계약은 어떨까? 그 계약은
다리를 얻는다는 권리를 얻지만 동시에 목소리를 양도한다는 의
무를 지고 있으므로 민법 제5조 제1항 단서가 말하는 '권리만을
얻거나 의무만을 면하는 행위'에 해당하지 않는다. 따라서 같은

조 제2항에 의해 취소할 수 있다. 이 취소권은 애리얼이 직접 행사할 수도 있고 제140조에 따라 법정대리인인 아버지 트리톤이 행사할 수도 있다. 취소권을 행사하면 제141조에 의하여 결과적으로 계약이 처음부터 무효였던 것과 같은 효과가 발생한다.

3. 유효한 계약 내용에 따라 애리얼이 영구적으로 사람이 될 수 있다는 주장

만약에 애리얼이 위조된 아버지 트리톤 명의의 동의서와 인감증명서, 그리고 친구인 물고기 플라운더의 거짓 증언 등을 동원하여 우르슬라에게 아버지의 동의를 받은 것처럼 속임수를 썼다면 어떻게 될까? 그런 경우라면 민법 제17조 제2항에 해당하여 애리얼과 트리톤은 민법 제5조의 미성년자임을 이유로 한 취소권을 행사할 수 없다.

제17조(제한능력자의 속임수) ①제한능력자가 속임수로써 자기를 능력자로 믿게 한 경우에는 그 행위를 취소할 수 없다.
②미성년자나 피한정후견인이 속임수로써 법정대리인의 동의가 있는 것으로 믿게 한 경우에도 제1항과 같다.

그렇다 해도 애리얼과 트리톤이 무말랭이로 전락하지 않

을 방법이 있다. 바로 민법상 '조건'의 법리를 이용하는 것이다. 우르슬라와 애리얼의 계약에는 '3일 안에 왕자와 진정한 사랑의 키스를 할 것'이라는 조건이 있다. 그런데 왕자가 애리얼에게 호감을 느끼는 것을 알아챈 우르슬라는 사람으로 변신해 애리얼의 목소리를 이용하여 자신이 왕자의 생명의 은인인 척 연기했다. 이는 계약 당사자가 조건의 성취를 의도적으로 방해하는 행위에 해당한다. 우리 민법은 이러한 방해가 있을 때 조건이 달성되었다고 주장할 수 있는 근거 조항을 마련해 두었다. 애리얼과 트리톤은 민법 제150조 제1항에 근거해 우르슬라의 방해 행위로 인하여 '3일 안에 진정한 사랑이 키스'라는 조건은 성취된 것이나 다름없다고 주장할 수 있다.

> 제150조(조건성취, 불성취에 대한 반신의행위) ①조건의 성취로 인하여 불이익을 받을 당사자가 신의성실에 반하여 조건의 성취를 방해한 때에는 상대방은 그 조건이 성취한 것으로 주장할 수 있다 (제2항 생략).

하지만 악당들에게도 변호사는 필요하다

아, 복잡하다. 법은 멀고 주먹은 가깝다는 말이 절로 생각난다. 그래도 우리 문명인은 사회적 합의인 법에 따라 분쟁을 해결하기로 약속했다. 이렇게 먼 길을 돌아서 애리얼과 트리톤을 구해줬지만 사실 우르슬라의 편에 서서 애리얼을 무말랭이로 만들어 버릴 논리도 없는 것은 아니다. 다만 지면 관계상, 그리고 쏟아질 비난이 두려워 생략한다.

디즈니 애니메이션의 대표적인 악역인 우르슬라, 〈라이온 킹〉(1994)의 스카, 〈미녀와 야수〉(1991)의 개스통 모두 죽음을 맞이했지만, 글쎄…. 그들이 그렇게 비참하게 죽을죄를 지은 걸까? 공평과 절차적 정의의 관점에서 볼 때 악당들에게도 변호사가 필요하다. 이런 얘기를 하면 사람들은 변호사도 똑같이 악당 취급을 하겠지만 말이다. 어찌 되었든 이번 의뢰인은 트리톤과 인어공주였고, 이 사건은 잘 해결될 수 있을 것 같다!

CHAPTER 2

그래서 결론이 뭐였더라...

동화『구름빵』을 둘러싼 파란만장한 이야기

– 출판사의 오랜 관행인 '매절 계약'과
저작재산권 양도의 문제

우리에게 동화『구름빵』작가로 잘 알려진 백희나 씨가 2020년 3월 31일(현지 시각) 아동 문학계의 노벨상이라고도 불리는 '아스트리드 린드그렌상(Astrid Lindgren Memorial Award·ALMA)'을 한국인 최초로 수상했다. 언론은 이 소식을 대서특필했고 백희나 작가의 많은 팬도 함께 기뻐했다. 이 상은 흔히 아동 문학계의 노벨상이라 불리지만, 1960년대 이전의 노벨문학상이나 한스크리스티안 안데르센상처럼 작품 한 편에 상을 주는 것은 아니다. 작가 일생의 업적을 평가하여 주는 상이다(1960년대 이후로는 노벨문학상도 이런 경향이라 한다). 즉『구름빵』이라는 책이 상을 받은 것이 아니라 백희나 씨가 그간 펴낸 모든 작품에 깃든 인도주의적 가치를 인정받아 작가 개인으로서 받은 것이다.

그런데 정작 상을 받은 백희나 작가는 마음이 복잡한 것 같다. 각종 언론과의 인터뷰에서 백 작가는 기쁘면서도 답답한

속내를 드러냈다. 그 이유는 많은 이가 이미 알고 있듯이 백 작가의 대표작인 『구름빵』의 저작권과 관련이 있다. 백희나 작가는 '저작재산권'이라는 문제와 관련해서 여러 가지 다양한 분쟁을 겪어 왔다. 사실 그것들은 많은 창작자가 한 번쯤은 겪을 법한 일들이지만 백 작가의 작품이 워낙 인기가 높아서 그런지 마치 그녀 혼자 다른 모든 작가를 대신해서 투사로 나선 듯 보이기도 한다. 사건이 하나씩 터질 때마다 단편적인 기사들이 쏟아져 나왔다. 이쯤에서 백희나 작가와 『구름빵』이 겪어온 일들을 쭉 한 번 정리해보는 시간을 가져보자.

사건의 경과를 살피기 전에 필수적으로 알아야 할 개념이 있다. 바로 '매절 계약'이라는 계약 형태다. 저작재산권은 보통은 기간을 한정해 놓고 그동안 '이용을 허락'하는 형태로 계약을 한다. 유명한 소설의 경우 일정 시간이 흐른 후 출판사를 바꿔 다시 출간하는 때가 있다. 저작재산권이 여전히 작가에게 남아있기 때문에 가능한 일이다. 그렇지만 저작재산권도 재산권의 일종이기 때문에 한 번에 모든 대가를 받고 아예 넘겨버리는 양도 계약도 가능하다. 이렇게 앞으로의 판매량과 관계없이 작가에게 일정 금액을 일괄 지급한 후에 출판사가 영구적으로 저작재산권을 독점 양도받는 방식을 매절 계약이라 일컫는다. 출판계의 오랜 관행이다. 특히 신인 작가들의 경우 작품이 성공할지 실패할지 알 수 없는 상황에서 작가와 출판사 양측 모두의 위험 부담을 줄이기 위해 이런 방식의 계약이 흔히 채택되어왔다.

『구름빵』에는 과연 무슨 일이

백희나 작가의 『구름빵』도 그렇게 시작했다. 백 작가는 주식회사 한솔교육과 2차 저작물 작성권을 포함하는 저작재산권 일체를 양도하는 조항이 포함된 '저작물용역계약'을 체결하며 대금으로 850만 원을 받고 시간이 흐른 후 추가로 1,000만 원을 받았다. 이렇게 『구름빵』과 관련해 백 작가는 도합 1,850만 원을 받았다.

문제는 2004년 처음 출간된 『구름빵』이 시간이 흐르며 점차로 인기를 누리며 발생한다. 『구름빵』의 캐릭터와 기본 스토리를 기초로 하는 2차 저작물, 다시 말해 뮤지컬이나 애니메이션이 새로 만들어져 나올 때도 백 작가는 그 사실을 까맣게 모르고 있다가 나중에서야 알게 되었다고 한다. 사정이 이러니 도서 『구름빵』 그 자체의 높은 판매량에 따른 이익 분배는 물론이고 애니메이션이나 뮤지컬의 흥행에 따른 이익도 조금도 나누어 갖지 못했다. 돈 문제를 떠나서 자신이 만든 작품에 대한 저작권자로 인정받지 못하는 현실에 너무 상처를 받아 화병을 앓기도 했다고 한다.

2013년 박근혜 대통령이 창조 경제와 문화 융성의 대표적 성공 사례로 이 책을 언급한 이후 백희나 작가의 억울한 사연이 알려지면서 여론은 백 작가에게 쏠렸다. 한솔교육에 대한 비난이 빗발치고 불공정한 매절 계약 관행이 큰 이슈가 되었다. 논란은 쉽게 가라앉지 않고 급기야 문화체육관광부가 2014년 6월 저작자 보호에 초점을 맞춘 '출판 분야 표준계약서' 7종의 권고안을 마련해 발표하고, 같은 해 8월 말에는 공정거래위원회가 매절 등 출판 저작권 계약서상 불공정약관 조항을 시정했다고 밝히기도 했다. 표준계약서의 경우에는 출판 업계의 일부 반대가 있는 상황에서 그 이용을 강제할 수단이 전혀 없고, 개정 약관의 경우는 시행 대상이 김영사, 창작과비평사 등 전집·단행본 분야 매출액 상위 20개 출판사에 한정된다는 한계가 있긴 하지만 말이다.

이런 변화에 부응해 한솔교육도 백희나 작가와 저작권 반환 협상을 벌이기 시작했다. 한솔교육이 "(권리를) 포기할 의사가 있으며 백희나 작가와 계약 문제를 원만하게 협의하기 위해 최선을 다하겠다"라고 말한 것에 대해 일부 언론은 2014년 10월 "동화책『구름빵』저작권, 원작자에게 돌아간다", "구름빵 저작권, 백희나 작가에게 돌아간다" 등의 제목으로 기사를 써 많은 이들의 관심을 받기도 했다. 그런데 일은 그렇게 간단히 끝나지 않았다.

문제는『구름빵』이 백희나 작가의 단독저작물인지 아니

면 다른 이와 함께 저작권을 갖는 공동저작물인지 여부에 있었다. 한솔교육은 백 작가와 재계약 체결을 협의하면서 『구름빵』 책 표지에 공동저작권자로 표기된 사진작가 김향수 씨와의 법적인 문제가 해결되기 전에는 재계약을 진행할 수 없다고 밝혔다. 백 작가는 김 씨에게 단독저작권자 표기에 동의해달라고 요청했지만 김 씨는 이를 거부했고 결국 백 작가는 2015년 여름 김 씨를 상대로 '저작권 부존재 확인소송'을 제기했다.

　　한편으로 백 씨와 김 씨의 소송은 사진작가의 저작권의 인정 한계에 대해 의미 있는 법원의 판단이 나올 것이란 기대를 안겼다. 사진은 피사체를 그대로 구현해 낸다는 점에서 기계적이라 볼 수 있지만 한편으로 조명의 정도와 각도가 조금만 달라져도 기대하는 분위기의 연출이 달라진다는 점에서 창의성을 인정할 여지가 충분히 있기 때문이다. 소송에서도 이 점에 대한 치열한 공방이 이루어졌다.

　　2016년 1월 1심 법원은 "작품에 삽입된 36장의 사진은 전 과정을 기획하고 담당한 원고(백희나)가 저작권자"이며, "사진 작업에 참여한 한솔교육 전 직원 피고(김향수)는 창작적 재량권이 없는 보조적 참여자라는 점에서 공동저작자라 볼 수 없다"고 판결(서울서부지방법원 2016. 1. 14. 선고 2015가합32059 판결)하여 백 작가의 손을 들어줬다. 이 판결은 김 씨가 항소하지 않아 그대로 확정되었다.

하지만 그사이 한솔교육과의 저작권 반환 협의는 어그러지고 말았다. 한솔교육이 제3자와 맺은 복잡한 저작물 이용 계약으로 인해 협상에 참여해야 하는 당사자 수는 더욱 많아졌다.

결국 백희나 작가는 2017년 12월 21일 한솔교육을 상대로 저작권침해금지 등 청구의 소를 제기했다. 이 소송이 출판사와 백 작가 사이의 본격적이고 종국적인 다툼이다. 심급별로 나누어 판결 내용을 간략히 살펴보자(3심인 대법원에서는 심리불속행 상고기각 판결로 2심인 고등법원의 판단이 그대로 확정되었으므로 대법원 판결 내용은 생략한다).

1. 서울중앙지방법원 2019. 1. 11. 선고 2017가합588605 판결(1심)

백 작가의 계약 해제 및 해지 주장에 대해 법원은 '사후적인 사정의 변경을 이유로 계약을 해제할 수는 없으며 이 사건 계약서에 기재된 해지 사유에도 해당하지 않아 해지할 수 없다'는 취지의 판결을 했다. 백 작가는 '캐릭터에 작성자의 창조적 개성이 드러나 있으면 원저작물과 별개로 보호되는 저작물이 될 수 있다'는 판례(대법원 2003. 10. 23. 선고 2002도446 판결 등 다수)를 근거로, 이 사건 계약 작품인『구름빵』책과는 별도로 등장 캐릭터에 대한 저작권은 백 작가에게 남아있다는 주장도 했다. 그러나 법원은 이 사건에서 구체적인 사정들을 종합하여 고려할 때 그러한 권리가 백 작가에게 별도로 유보되어 있다고 보기는 어렵다고 판단했다. 나아가 법원은 저작인격권의 침해도 인정하지 않아 결론적으로 원고(백 작가) 패소의 판결을 선고했다.

2. 서울고등법원 2020. 1. 21. 선고 2019나2007820 판결 (2심, 대법원 확정)

2심에서 백 작가는 위 1심에서 한 주장 외에 추가로 이 사건 계약서는 약관에 해당하고, 저작권을 포괄적으로 양도한다는 규정은 불공정하여 무효이므로「약관의 규제에 관한 법률」에 위반하여 무효라는 주장을 추가했다. 그러나 법원은 "2003년 당시 원고(백희나 작가)가 신인 작가였던 점을 고려하면 계약 조항은 상업적인 위험을 적절히 분담하려는 측면도 있다"며 "원고에게 부당하게 불리한 조항이라고 볼 수 없다"고 판단하여 1심과 마찬가지로 원고 패소의 판결을 했다.

이렇게 파란만장한 시간을 거쳐 항소심 판결까지 난 게 2020년 1월 하순의 일이다. 그러다가 약 두 달의 시간이 지나고 백희나 작가는 세계적으로 권위 있는 큰 상을 받게 된 것이다. 그러니 수상 소감을 말해달라는 부탁에 복잡한 마음을 드러낼 수밖에…. 같은 해 6월에는 대법원 판결로 위 2심 판결이 그대로 확정된다. 이로써 『구름빵』의 저작재산권은 백 작가의 손을 영영 떠나버리고 말았다.

출판계에서 저작권 분쟁은 아직도 계속된다

매절 계약이라는 것은 악습일까? 백 작가가 이렇게 고군분투하는 것을 보니 참말로 부당한 관행이라는 생각이 얼핏 들기도 한다. 그러나 매절 계약 그 자체를 '악(惡)'으로 볼 수는 없다. 저작재산권 '양도'는 저작재산권에 관한 다양한 계약 방식 중 하나일 뿐이다. 나아가 신인 작가의 경우에는 일단 자기 이름의 작품을 출간하는 일이 우선일 수도 있다. 만일 판매량이 지극히 저조하다면 판매량에 따라 수익이 생기는 '인세 계약'은 오히려 다음 창작을 위한 자금 마련이라는 측면에서 불리할 수도 있다. 문제는 이런 작가들의 궁핍하고 절박한 사정을 일부 출판사가 악용하는 데 있다. 창작자의 저작권에 대한 권리 의식은 높아졌음에도 불구하고 출판사의 경영진은 이를 애써 무시한 채 예전부터 답습되어 온 매절 계약 형태를 고수하고 싶을 수도 있다.

그래도 2014년부터는 변경된 표준계약서도 있고 표준약관도 수정되었다. 그럼 문제는 어느 정도 해결되었을까? 그렇지 않다는 게 2020년 1월에 드러났다. 바로 '제44회 이상문학상 수상 거부 사태'이다.

이상문학상은 소설가 이상(1910~1937)의 문학적 업적을 기리기 위해 문학사상사가 1977년 제정한 상으로 김승옥, 박완서(1931~2011), 이문열, 김훈 등 한국의 대표 작가들이 수상한 바 있는 권위 있는 상이다. 그런데 이런 상을 마다했으니 뭔가 큰 문제가 있었던 것이 분명하다. 역시나 저작권이 문제였다. 2020년 1월 4일 김금희 작가가 처음으로 입을 열었다. 문제의 계약 조항은 '수상작의 저작권을 문학사상사에 3년간 양도해야 하며, 작가 개인 단편집에도 표제작으로 수록할 수 없다'라는 부분이다. 3년이면 대중의 관심이 멀어질 만큼 충분히 긴 시간이다. 다른 수상자들도 함께 수상을 거부했고, 전년도에 이상문학상 대상을 받은 윤이형 작가는 절필 선언을 하기도 하는 등 큰 파문이 일었다.

이에 문학사상사는 2월 4일 공식 사과문을 게재하고 문제가 된 조항을 수정·삭제하는 등 개선책을 발표했다. 2020년에는 이상문학상 수상자를 발표하지 않기로 하며 일단 사건은 마무리됐다.

출판. 이 얼마나 오래된 산업인가. 그런데 이제야 작가들의 목소리가 터져 나오는 것 같다. 작가들은 언제고 자신의 권리를 말해 왔겠지만 그 목소리가 우리에게까지 들리는데 이렇게 많은 시간이 필요했다. 소란스러워도 결국은 우리 사회가 발전하는 길이라 믿어 본다. 참고로 이 책 제3장의 「독소조항 없는 문화예술 계약서, 제대로 쓰고 계십니까」는 문화예술계의 계약서 작성 문화와 독소조항의 피해를 다루고 있다. 『구름빵』 사건과도 관련이 있으니 관심 있는 독자는 미리 책장을 넘겨 한 번 읽고 돌아와도 좋을 것 같다.

빼앗아 간 문화재, 왜 돌려주지 않습니까

- 문화재 약탈과 소유권 귀속의 문제

우리나라는 '문화재 약탈'에 대해 할 말이 많은 나라다. 19세기 말 문호 개방을 요구하는 서구 열강을 비롯해 일본의 식민 지배에 따른 대대적인 수탈을 경험했기 때문이다. 어디 그뿐인가? 광복 직후 미 군정기와 대한민국 정부 수립 이후인 1950년경에도 미군과 미국 외교관에 의한 국보급 문화재의 반출이 '수집'이라는 이름 아래 공공연히 이루어졌다. 이에 대해 지금까지도 많은 이가 분노한다. 우리는 국외에 있는 약탈 문화재의 반환 필요성에 공감하고 나아가 주기적인 공론화로 이를 잊지 않으려 노력하고 있다.

그런데 다수의 열망과는 달리 실제로 반환은 그렇게 자주 일어나지 않는 것 같다. 병인양요 당시 프랑스군이 가져간 외규장각 의궤만 해도 2011년 4월 무려 145년 만에 되찾았지만 완전한 '반환'이 아닌 5년 단위 갱신에 의한 '대여' 형식으로 돌아온 것일 뿐이었다. 박병선 박사(1929~2011)가 1975년 발견할 때까지 프랑스 국립 도서관의 파손 도서 창고에서 중국 서적으로 잘 못 알려진 채 잠자고 있었을 뿐, 그다지 귀한 대접을 받고 있었던 것도 아닌데 말이다. 왜 중요하게 생각하지도 않던 문화재조차 그 소유권을 포기하고 모국에 반환해 주는 일은 이렇게 어려울까?

약탈 문화재 반환의 문제는 정치·경제·법리적인 딱딱하고 건조한 부분만 살펴보아도 생각보다 간단히 않다. 문화 침략국과 피침략국의 역사에서 배어 나오는 열통 터지는 감정 문제는 덮어놓는다 해도 말이다. 무엇이 문제일까? 이번 글에서는 국가 사이의 문화재 반환이 어려운 일반적인 이유를 이야기해 보려 한다.

우선 정치·경제적인 문제를 생각해 볼 수 있다. 문화재는 자국의 관광 산업의 중요한 일부이다. 잘만 관리하면 앞으로도 수백 년 이상 지속적인 이익을 가져다줄 수 있는 문자 그대로 '보물'인 셈이다. 그러니 쉽게 내어줄 리 없다. 게다가 어느 한 나라가 전면적인 반환을 선언한다면 이를 따르지 않는 다른 약탈국은 줄줄이 비난의 화살을 면치 못할 것 같다. 그러니 약탈국끼리는 카르텔이라도 구성해서 절대 돌려주지 말자고 약속이라도 하고 싶을 것이다.

카르텔이라는 표현이 좀 지나치다 싶은 감이 있지만 실

제로 이런 조직(?)이 있다. 다만 그 구성원은 국가가 아니고 '박물관'이다. 2002년 18개의 세계 대형 박물관들이 모여 '인류 보편의 박물관 선언문(Declaration on the Importance and Value of Universal Museum)'이라는 것을 발표했다. 그들은 "다른 문명과 교차하는 인류 보편의 문화재는 한 국가에 속한 것이 아니라 인류 전체를 위한 것이며, 박물관에서 다른 문명과 비교됨으로써 그 지속적 중요성이 인식된다"라고 주장했다. 나아가 그들은 자신들이 '원(原)장소 맥락'을 상실한 문화재에 새로운 맥락을 부여했다고 자랑하며, 이제 와서 그러한 문화재를 반환하는 것은 이미 부여된 새로운 맥락을 파괴하는 일이라 주장했다. 이렇게 제국주의 시대의 최대 수혜자들이 나서서 선언문까지 발표하며 강력한 연대를 과시하고 있으니 문화재 반환이 자발적으로 이루어지는 일은 쉽게 이루어지지 않을 것만 같다.

2018년 11월 프랑스의 에마뉘엘 마크롱 대통령이 아프리카 식민지로부터 약탈한 문화재의 반환을 결정했을 때 주변국이 보인 태도들도 이와 비슷하다. 하르트비히 피셔 영국박물관 관장은 "영국박물관 규정도 영국 법률도 바꾸지 않을 것"이라고 말했고, 독일 훔볼트포럼 하루트무트 도겔로 관장은 "로마 유적 대부분이 고대 이집트나 그리스에서 훔쳐 온 것"이라며 "일부 문화재는 유럽과 세계 역사의 결과로 봐야 한다"라고 주장하며 선을 긋고 나선 바 있다. 주변국뿐만 아니다. 프랑스 내부에서도 반발이 터져 나왔다. 프랑스 법에 따라 문화재의 반환이 실제로 이루어지려면 의회의 승인을 얻어야만 하는데 이 과정도 순탄치 않을 것 같다.

법리적인 문제도 만만치 않다. 소유권에 기한 반환청구는 ①나에게 소유권이 있어야 하고, ②상대방이 그 물건을 점유할 권리가 없어야 한다. 법리는 비교적 간단하지만 늘 그렇듯이 문제는 '입증'이다. 약탈당한 문화재가 어찌어찌하여 그것이 원래는 우리나라 국토 내에 있었고 우리 국민 누군가의 소유였다는 것을 어렵게 증명한다 하더라도, 민법상 선의취득의 법리나 시효취득에 의해 약탈국의 누군가가 현재는 자신이 적법한 소유자라고 주장할 수 있다.

게다가 원칙적으로는 이런 골치 아픈 분쟁이 물건 하나하나 다 별개로 이루어져야 한다. 약탈은 대개 대규모로 한꺼번에 이루어지지만 오랜 시간이 흐른 지금 그 보물들은 약탈국 어딘가에 뿔뿔이 흩어져 있다. 점유 경위도 제각각이라 결국 하나하나 따져보아야 할 터이다.

우여곡절 끝에 위 두 가지 요건을 입증한다면? 끝이 아니다. 각국의 문화재 보호법률은 국내에 있는 문화재의 반출을 엄격히 금지한다. 우리 「문화재보호법」 제39조도 국내 문화재는 일체 외국으로의 반출이 불가능하다는 점을 명시하고 있다. 일시적으로나마 해외로 나가려면 정부 부처의 허가가 필요하거나 앞서 프랑스의 예처럼 의회의 승인이 필요한 입법례도 있다. 우리의 보물이 약탈국에서 문화재 대접을 받고 있다면, 그야말로 산 넘어 산이다.

> **문화재보호법 제39조(수출 등의 금지)** ①국보, 보물, 천연기념물 또는 국가민속문화재는 국외로 수출하거나 반출할 수 없다. 다만, 문화재의 국외 전시 등 국제적 문화교류를 목적으로 반출하되, 그 반출한 날부터 2년 이내에 다시 반입할 것을 조건으로 문화재청장의 허가를 받으면 그러하지 아니다.

그렇다면 다른 방법이 없을까? 빼앗긴 입장에서는 너무도 억울하다. 그래서 국가들은 국제 법규를 제정해 이 문제를 일부나마 해결하려 했다. 1954년 네덜란드 헤이그에서 채택된「무력 충돌시 문화재 보호에 관한 협약」, 1970년 유네스코 총회에서 채택된「문화재 불법 반출입 및 소유권 양도금지와 예방수단에 관한 협약」, 1995년 유네스코가 사법통일국제연구소의 검토를 거쳐 채택한「도난 및 불법 반출 문화재에 관한 협약」등이 그 예이다.

이는 '국제법적 해결'의 전형적인 예다. 국제법적 해결의 특징이 무언가? 바로 강제할 수단이 변변치 않고 가입을 하든 말든 자기 마음대로라는 점이다. 실제로 위 1954년 헤이그 협약이나 1970년 유네스코 협약에는 세계에서 제일 큰 예술품 시장을 가진 미국이 참여하지 않거나 소극적인 태도를 보여 그 실효성이 의문시되기도 했다. 그리고 많은 협약은 제2차 세계대전 당시의 약탈을 주로 문제 삼고 있을 뿐이어서 그보다 훨씬 전에 이루어진 문화재 반출에 대해서는 적절한 해결책이 될 수 없다는 한계도 지니고 있다.

당사자가 다수인 국제 협약들 말고, 개별 국가 사이에 협정이 체결될 때도 있다. 약탈국과 피약탈국 단 두 나라 사이에 이루어지는 것인 만큼 합의가 성사되기만 한다면 실제 문화재 환수로 이어질 확률이 높다. 우리나라와 일본이 1965년 6월에 체결한 「한일문화협력협정」에 따라 1966년 5월 27일 반환된 우리 문화재 1,324점이 그 예다. 그렇지만 이런 협정들은 주로 일회성으로 이루어지고, 그나마도 두 나라 사이의 정치적인 기류에 의해 크게 좌우될 수 있어서 보다 근본적인 해결책이 되기는 어려워 보인다. 실제로 우리나라와 일본도 위 1965년의 협정에 의한 회복 이후 별다른 문화재의 반환이 이뤄지지 않다가 90년대 들어 소량으로 드문드문, 그나마도 민간 차원에서만 회복하고 있을 뿐이다.

문화재 약탈은 무언가 우리의 피를 뜨겁게 만드는 분노와 억울함과 좌절감의 씨앗이 아닌가?! 그렇지만 감정에 치우치는 것으로는 아무것도 해결할 수 없다. 외규장각 의궤의 반환도 그 형식이 '반환'이 아닌 '대여'라고 해서 이를 문제 삼아 마냥 속상해하고만 있을 필요는 없다. 그 어려움을 뚫고 일단 우리나라로 돌아와 우리가 원할 때 얼마든지 만나보고 우리 손으로 직접 관리할 수 있다는 사실에 집중해야 한다.

그런 의미에서 문화재 반환을 둘러싼 현실적인 어려움과 해결책에 대해 조금 깊게 생각해 볼 기회를 한번 만들어 봤다. 독자들도 이 기회에 글에서 살핀 내용 중 조금 더 깊게 알고 싶은 분야가 생기면 좋겠다. 법리적인 것이든, 여러 국제 법규의 실제 내용에 대한 것이든, 약탈국이 보유한 문화재 현황이라든지, 뭐든 흥미로운 소주제가 될 수 있을 것 같다. 그런 뒤에 다시 개별 사건을 바라보면 이전과는 달리 더 재미있게 그 면면을 살펴볼 수 있지 않을까?

훈민정음해례본 상주본 사건을 둘러싼 오해 두 가지
- 문화재의 소유권 귀속 및 민·형사소송의 증명력 문제

2019년 7월 15일 훈민정음해례본 상주본(이하 '상주본'이 라 함)에 대한 또 하나의 대법원 판결이 나왔다. 상주본의 소유 권을 가진 국가가 현재 점유자로 알려진 배 모 씨에 대하여 적법 하게 강제집행을 할 수 있다는 취지의 판결이다. 상주본에 대한 대중의 관심은 뜨겁다. 유명 인터넷 포털에서는 관련 뉴스가 올 라오자마자 500여 개의 댓글이 달렸다. 내 온라인 칼럼에는 고 작 대여섯 개의 댓글이 달리는데…. 이와 비교하니 마음이 헛헛 해지는 한편으로 국보급 문화재에 쏠린 열렬한 국민적 관심이 새삼 감동적이기도 하다.

그 댓글들을 하나하나 읽어보았다. 대부분 이 사태가 안 타깝다는 개인적인 느낌이다. 그러나 개중에는 잘못된 법률적 판단을 전제로 국가 또는 배 씨를 비난하고 많은 이의 공감을 받 아 이른바 '베플'의 지위에 오른 것도 눈에 띈다. 상주본과 관련 한 수많은 글이 있지만 특별히 법률적 판단에 대한 일반적인 오

해를 풀어주는 글은 찾기 어려웠다. 그래서 이번에도 내가 용기를 내어 그 오해를 풀어보고자 한다(또 틈새시장!). 이에 앞서 간단히 상주본 사건의 경과를 살펴보자.

상주본에 대체 무슨 일이

상주본은 2008년 7월 31일 안동MBC에서 상주시에 사는 배 모 씨가 집수리 도중에 국보급 고서를 발견하였다는 내용을 보도하며 세상에 알려졌다. 골동품상인 조 모 씨는 배 씨가 자신의 소유인 상주본을 훔쳐 갔다고 주장하며 상주경찰서에 진정서를 제출하고, 조 씨 자신의 소유권에 기한 반환청구의 민사소송도 제기했다. 위 진정에 관하여 검찰은 배 씨에 대하여 증거불충분으로 인한 무혐의 처분을 하였고, 이에 대한 조 씨의 불복 과정에서 사법 기관은 모두 조 씨의 주장을 받아들이지 않았다. 그러나 민사소송의 결과는 이와 달랐다. 법원은 배 씨가 조 씨의 골동품 가게에서 상주본을 절취했다고 판단하며 상주본이 조 씨의 소유임을 인정했다. 이 민사소송에서 승소한 조 씨는 「문화재보호법」 위반(절취) 등을 이유로 하여 다시 한번 배 씨를 고소했다. 위 민사 판결이 배 씨의 절취 사실 및 조 씨의 소유권을 인정한 것과 마찬가지로 문화재보호법 위반(절취) 등의 형사 사건 1심도 배 씨가 조 씨의 상주본을 훔친 것으로 판단했다.

그런데 문제는 위「문화재보호법」위반(절취) 형사 사건의 2심에서 결과가 뒤집히며 발생한다. 이때부터 모두가 혼란에 빠진다. 2심 재판부는 관련 증인들의 진술은 모두 믿을 수 없고, 그 밖의 증거만으로 유죄를 인정하기에 부족하다며 배 씨를 유죄로 인정한 1심 판결을 파기하고 무죄를 선고했다. 대법원도 무죄의 2심 판결을 그대로 확정했다. 한편 조 씨는 위 민사 판결로서 자신의 소유권을 인정받은 상주본을 국가에 기증한 후 사망했고 국가는 이를 바탕으로 배 씨에 대한 강제집행을 준비하고 있었다. 배 씨는 자신의 형사 무죄 판결을 근거로 국가의 강제집행을 저지하려는 청구이의의 소를 제기하였으나 결국 패소하여 대법원에서 확정되었다. 이 확정된 패소 판결이 2019년 7월 15일 선고 되자마자 인터넷을 뜨겁게 달군 마지막 대법원 판결이다.

다소 복잡한 이 사건을 둘러싸고 의견이 분분하다. 상주본은 현재 전주 이씨 문중 소유라는 매우 창의적인 댓글도 있었지만 대부분의 의견은 크게 두 가지로 나뉘었다. 하나는 '이런 귀한 문화재가 어떻게 개인 소유가 될 수 있나. 내 땅에서 공사를 하다가 문화재가 발굴되어도 나라의 소유가 되는데, 애당초 이런 문화재를 자기 소유라 주장하는 배 씨의 잘못'이라는 주장이다. 이와 반대되는 또 하나의 주장은 '절도에 대하여 배 씨의 무죄가 확정되었으면 당연히 그 소유자는 정당하게 배 씨가 되는 것인데도 나라에서 무턱대고 빼앗으려고 하다니. 국가가 개인의 사유 재산을 부정하는 처사 아닌가'라는 주장이다. 두 주장 모두 큰 호응을 얻고 있다. 그러나 모두 법률적인 오류가 존재한다. 자세히 살펴보자.

문화재의 소유권은 누구에게 귀속되는가

결론부터 말하자면 문화재라고 모두 국가의 소유가 되는 것은 아니다. 우리나라 국보 약 300여 점 중 30% 정도는 개인이 소유하고 있다. 사적 소유 그 자체에는 아무런 문제가 없다. 다만 소유권의 행사에는 몇 가지 제한이 있다. 「문화재보호법」은 문화재를 국외로 반출하는 것 자체를 원칙적으로 금지하고 있으며, 문화재의 매매 및 매매업은 정부로부터 허가를 받도록 하고 있다. 이렇듯 관련 법령은 개인의 소유 자체는 인정하는 전제하에 국가의 상당한 개입을 정하고 있다.

그렇다면 '내 땅에서 공사를 하다가 문화재가 나와도 내 소유가 아니거늘 상주본을 어찌 자기 소유라 하는 것인가'라는 의견은 무엇일까? 이는 상주본 사건과 '무주물, 유실물, 매장물의 선점, 습득, 발견'의 경우 문화재 소유권 귀속의 문제를 혼동한 것이다. 민법 제255조는 문화재의 국유를 규정하고 있다. 이는 문화재가 처음부터 주인이 없거나, 누군가 잃어버린 후 주인을 찾을 수 없거나, 땅속이나 바닷속에 오래 매장되어 있다가 발굴된 경우에 그 소유권이 국가에 귀속된다는 내용일 뿐, 상주본의 경우와 같이 처음부터 개인이 보관하고 있던 것에는 적용되지 않는다.

「매장문화재 보호 및 조사에 관한 법률」(약칭 매장문화재법)은 발굴된 매장 문화재의 소유권을 판정하여 정당한 소유자에게 반환할 가능성을 열어두었다. 하지만 많은 경우 발굴된 문화재는 발견자나 토지 소유자 외에 다른 정당한 소유자를 확정하기가 어려워 국가가 소유권을 취득하게 된다. 따라서 위 의견은 그 자체로 완전히 틀린 말은 아니다. 그러나 상주본은 자신의 집에서 수리 도중 나왔다는 배 씨의 주장이나 자신이 예전에 취득하여 가게에 보관하는 중이었다는 조 씨의 주장 둘 중 어떤 것에 의하든 상관없이 국가의 소유로 귀속되진 않는다.

민법 제255조(문화재의 국유) ①학술, 기예 또는 고고의 중요한 재료가 되는 물건에 대하여는 제252조제1항 및 전2조의 규정에 의하지 아니하고 국유로 한다.
②전항의 경우에 습득자, 발견자 및 매장물이 발견된 토지 기타 물건의 소유자는 국가에 대하여 적당한 보상을 청구할 수 있다.

매장문화재법 제20조(발견신고된 문화재의 소유권 판정 및 국가

귀속) ①(중략) 해당 문화재의 소유자임을 주장하는 자가 있는 경우 문화재청장은 대통령령으로 정하는 소유권 판정 절차를 거쳐 정당한 소유자에게 반환하고, 정당한 소유자가 없는 경우 국가에서 직접 보존할 필요가 있는 문화재가 있으면 「민법」 제253조 및 제254조에도 불구하고 국가에 귀속한다(제2항 생략).

훔치지 않았다는 형사 무죄 판결이 곧 그의 소유권을 인정하는 것인가

이 부분이 가장 받아들이기 어려울 것 같다. 어떻게 동일한 대한민국 사법부 내에서 배 씨가 상주본을 절취한 것으로도 절취하지 않은 것으로도 판단하는 일이 가능할까? 마치 '술은 마셨지만 음주운전은 아니다'라는 말처럼 납득하기 어렵다. 그래서 일부 댓글에서는 그 나름대로 해법을 내렸다. 민사 판결 이후에 이와 모순된 형사 무죄 판결이 이루어졌으니 나중에 이루어진 판결이 옳다고 보아 이전의 민사 판결이 잘못된 것이고 따라서 소유권은 조 씨가 아닌 배 씨가 가지고 있다고…. 하지만 법리적으로는 받아들이기 어려운 해법이다.

위 모순은 민사 판결과 형사 판결 사이에는 사실인정을 위한 증명의 정도에 차이가 있다는 점을 알면 이해할 수 있다.

민사 판결은 당사자 간 분쟁의 해결을 가장 큰 목적으로 할 뿐만 아니라 많은 경우 금전적인 보상이 가능한 영역의 문제를 다루므로 형사 사건의 경우와 같은 매우 엄격한 증명을 요구하지는 않는다. 대법원은 일관되게 "민사소송에서 사실의 증명은 추호의 의혹도 있어서는 아니 되는 자연 과학적 증명은 아니나, 특별한 사정이 없는 한 경험칙에 비추어 모든 증거를 종합 검토하여 어떠한 사실이 있었다는 점을 시인할 수 있는 고도의 개연성을 증명하는 것이고, 그 판정은 통상인이라면 의심을 품지 않을 정도일 것을 필요로 한다"고 판시한다.

반면 형사 재판에 관하여 대법원은 "형사 재판에서 범죄 사실의 인정은 법관으로 하여금 합리적인 의심을 할 여지가 없을 정도의 확신을 가지게 하는 증명력을 가진 엄격한 증거에 의하여야 하므로, 검사의 증명이 그만한 확신을 가지게 하는 정도에 이르지 못한 경우에는 설령 피고인의 주장이나 변명이 모순되거나 석연치 않은 면이 있어 유죄의 의심이 가는 등의 사정이 있더라도 피고인의 이익으로 판단하여야 한다"고 본다. 형벌을 부과하기 위해 진행하는 형사 절차와 그에 따른 형사 책임은 국가권력이 국민에 대해 공권력의 행사로 기본권을 제한하는 것이기 때문에 최후 수단으로서의 성질을 갖는다. 따라서 더욱 엄격한 증명이 필요한 것이다.

거칠게 말하자면 민사소송에서 약 85%의 개연성을 인정할 수 있어 어떠한 범죄 사실을 인정했다고 하더라도 형사소송에서 요구하는 95% 이상의 확신에는 이르지 못한다면 무죄가 될수 있다는 의미이다. 물론 이런 숫자는 내가 마음대로 지어낸 것이다. 쉽게 예를 들자면 그렇다는 거다. 그렇다고 나머지 5% 남짓의 가능성을 지닌 피고인의 주장이 진실이라는 것을 확인해주는 것은 결코 아니다. 다만 유죄 판단에 이를 정도의 강력한확신이 들지 않는다는 뜻이다. 많은 이가 이 문제를 헷갈려한다.

민·형사 판결의 결과가 상반된 것은 법원칙 위반인가? 그렇지는 않다. 우리나라의 법원은 각각의 재판부가 고유한 판단의 권한을 가지고 있다. 물론 대법원의 확립된 판례를 따라 하급심 판결이 이루어진다는 점에서 심급 간 사실상의 기속력이 존재하긴 한다. 하지만 늘 그런 것은 아니다. 대법원 판례도 시대의 흐름에 따라 변경되곤 한다. 그 변화의 시작은 하급심 판결일때가 많다. 또한 대법원은 하급심 재판을 파기하여 다시 돌려보내기도 한다. 그렇지만 이것은 심급 제도에 따른 절차적인 위계관계일 뿐이다.

따라서 민사소송과 형사소송이 동일한 당사자의 동일한주장을 다룬다고 하여도 각기 다른 판단을 내릴 가능성은 얼마든지 있다. 나중에 선고되는 판결이 먼저 이루어진 판결 결과에 반드시 구속되는 것은 아니다. 반대로 나중에 선고되는 판결에 의해 먼저 이루어진 판결이 폐기되는 것도 아니다. 따라서 상주본 사건처럼 민사와 형사에서 상반된 듯한 판결이 선고될 수 있다.

　　법의 세계는 알면 알수록 알쏭달쏭하다. 그래도 이리저리 비교해가고 자료를 찾아보며 머릿속에서 정리해 답을 찾아낼 수는 있다. 나 같은 친절한 변호사를 만나면 이렇게 많은 시간을 단축할 수도 있다. 진짜 알쏭달쏭 한 것은 상주본의 행방이다. 국가가 강제집행을 할 수 있다는 대법원 확정판결이 나오고 한글날이 두 번이나 지났지만 아직도 찾지 못하고 있다. 배 씨가 정말 아직도 가지고 있을까? 보존 상태는 어떨까? 훈민정음 해례본 간송본과 비교하여 특별히 다른 구석이 있을까? 정말 궁금하다.

　　아무도 상처받지 않는 판결은 존재하지 않는 걸까. 이 진흙탕에서 이미 많은 이가 마음의 상처를 입었다. 어찌 되었든 무리한 강제집행으로 상주본이 훼손되었다는 뉴스가 1면 기사로 뜨지 않기를 간절히 바랄 뿐이다. 상주본 너만은 상처 없이 나타나길.

그때 그 '문화계 블랙리스트', 그래서 결론이 뭐지

- 문화예술인 블랙리스트 사건의 경과와 파기환송심의 의미

2020년 2월 영화 〈기생충〉(2019)이 제92회 아카데미 시상식에서 4관왕(작품상·감독상·각본상·국제장편영화상)에 오를 때 다시 한번 주목받은 과거의 정치 사건이 하나 있다. 바로 이전 정권의 '문화계 블랙리스트' 사건이다. 작품상 트로피를 받기 위해 무대에 오른 CJ그룹(투자·배급사) 이미경 부회장은 박근혜 정권의 블랙리스트에 올라 2014년 경영 일선에서 물러나 미국으로 건너갔었다. 이는 2018년 박 전 대통령에 대한 수사와 재판 과정에서 밝혀졌다.

〈기생충〉의 감독인 봉준호와 배우 송강호도 블랙리스트에서 자유로울 수 없었다. 봉준호 감독은 이미 이명박 정부 시절부터 블랙리스트에 '강성 성향'으로 분류되어 있었다고 한다. 아카데미 시상식 당시 프랑스 AFP통신과의 인터뷰에서 봉 감독은 "한국의 예술가들을 깊은 트라우마에 잠기게 한 악몽 같은 몇 년이었다"라며 "여전히 트라우마에서 헤어 나오지 못한 이들도 있다"라

고 블랙리스트에 대한 자신의 생각을 밝혔다. 배우 송강호도 노무현 전 대통령(1946~2009)을 모델로 한 영화 〈변호인〉(2013)의 주연을 맡았다가 박근혜 정부의 블랙리스트에 이름이 올랐다.

　　많은 이가 이 정도까지 기억한다. 아, 블랙리스트라는 것이 있었고, 이게 도화선 중 하나가 되어 정권 퇴진이 이루어졌고, 그때 세간의 입에 오르내리던 예술인들이 다시 주목을 받는구나. 그런데 결국 그 문제의 블랙리스트를 만들고 실행한 정부의 고위직 인사들은 어떤 처벌을 받았던가? 이것까지는 자세히 모른다. 나도 잘 몰랐다. 그래서 이참에 박근혜 정권의 문화계 블랙리스트 사건의 재판 경과와 그 의미에 대해서 살펴보고자 펜을 잡았다.

　　우리가 '블랙리스트 재판'이라 부르는 것의 정식 사건명은 '직권남용권리행사방해·강요·국회에서의증언·감정등에관한법률위반'이다. 사법부는 이 사건이 정치적·법리적으로 중요한 사건이므로 따로 '문화예술계 지원배제 등 관련 직권남용권리행사방해 사건'이라고도 명명했다. 사건명은 해당 재판에서 문제되는 죄명을 줄줄이 나열해 만든다. 아, 보기에 어색하지만 사건명은 띄어쓰기를 하지도 않는다. 여러 죄목 중 블랙리스트 사건의 핵심은 '직권남용권리행사방해죄'이다. 줄여서 보통 '직권남용'이라 부른다. 이 재판에 등장하는 피고인은 총 7명인데 이 중 언론에 가장 많이 언급되는 인물은 김기춘 전 대통령 비서실장과 조윤선 전 문화체육관광부 장관이다.

　　블랙리스트 사건은 '대통령 비서실장을 비롯한 피고인들이 문화체육관광부 공무원을 통해 문화예술진흥기금 등 정부의 지원을 신청한 개인·단체의 이념적 성향이나 정치적 견해 등을 이유로 한국문화예술위원회·영화진흥위원회·한국출판문화산업진흥원이 수행한 각종 사업에서 이른바 좌파 등에 대한 지원 배제를 지시하여 지시대로 실행하게끔 하게 한 사건'으로 요약할 수 있다. 무슨 무슨 위원회 이름이 길어서 복잡해 보이지만 '지원금 배제'라고만 생각하면 간단하다. 해당 법률 조항을 살펴보자.

> **형법 제123조(직권남용)** 공무원이 직권을 남용하여 사람으로 하여금 의무 없는 일을 하게 하거나 사람의 권리행사를 방해한 때에는 5년 이하의 징역, 10년 이하의 자격정지 또는 1천만 원 이하의 벌금에 처한다.

　　자의적인 지시로 이를 실행하게 한 것. 그것은 형법 제123조 직권남용죄가 예상하는 전형적인 행위다. 그러니까 블랙리스트 사건은 직권남용죄가 성립하는지 여부를 가리는 것이 핵심이다. 뭐가 문제인지 모르겠다. 수사와 재판 과정에서 실제로 그런 지시가 있었고 이에 따른 실행이 있었던 것으로 밝혀졌는데, 그렇다면 당연히 유죄가 아닌가? 문제가 그렇게 간단치 않았다. 고등법원(2심)에서는 문제된 대부분의 행위에 대해 김 전 실장과 조 전 장관에게 직권남용죄의 유죄를 선고했지만 대법원(3심)은 '사실관계는 맞지만, 그중 일부 행위에 대해서는 법리 적용이 잘못되었다'라며 달리 판단했기 때문이다. 대법원은 2020년 1월 30일 파기환송 판결을 내렸다.

대법원의 '파기환송'은 무엇일까

여기서 '파기환송'이 무엇인지 한번 짚고 넘어갈 필요가 있다. 우리나라의 재판은 특허 사건이나 비상계엄하의 군사 재판 등의 몇몇 예외를 제외하고 원칙적으로 3심제를 채택한다. 일반적으로 1심은 지방법원, 2심은 고등법원, 3심은 대법원이 맡는다. 1심과 2심에서는 사실 판단과 법률 판단을 모두 한다. 3심에서는 법률 판단만을 한다. 다소 추상적인 법리만을 심사한다는 뜻이다.

대법원이 2심의 법리 판단이 잘못되었다고 결정하면 어디가 어떻게 잘못된 것인지를 판결문에 밝혀 사건을 2심 법원으로 다시 돌려보낸다. 대법원이 밝힌 법리에 따라 다시 재판을 하라는 뜻이다. 원심을 파기한 다음에 다시 돌려보내는 것. 이게 바로 '파기환송'이다. 파기환송을 받은 고등법원은 대법원이 파기 이유로 밝힌 법리에 기속된다. 그리고 환송받은 사건에 대해서도 또 상고하면 그 상고 사건을 재판하는 상고법원(대법원)도 당초의 파기 이유에 기속된다. 그러니까 파기환송이 이루어지면 재판은 3번이 아닌, 5번을 할 수도 있는 셈이다.

블랙리스트 사건은 세 번째 판결까지 이뤄졌다. 내가 이 원고를 다듬고 있는 2021년 2월 초 현재 사건은 고등법원에서 4번째 재판(환송심)을 진행 중이다. 그렇지만 결과를 예측하는 건 사실 어렵지 않다. 환송심에서도, 5번째 재판인 재상고심에서도 아마 대법원 파기환송심 법리에 따라 일부 행위에 대해서는 무죄가 선고될 가능성이 높다.

다시 블랙리스트 사건으로 돌아오자. 그렇다면 블랙리스트 사건에서 대법원은 원심의 어떤 부분이 잘못되었다고 한 것일까? 이 사건에서 대법원은 직권남용의 법리에 비추어 볼 때, 피고인들의 행위 중 어떤 것들은 죄가 되지 않는다고 판단했다. 즉 일부는 무죄로 바꿔야 한다고 돌려보낸 것이다.

법리적인 면에서 대법원은 직권남용죄의 성립요건을 '직권의 남용'과 '의무 없는 일을 하게 한 때'의 두 단계로 나눠 이를 모두 충족해야만 직권남용죄가 성립한다고 본다. 그러면서 김기춘 전 대통령 비서실장 등 피고인들이 문화체육관광부 공무원을 통해 각종 문화단체 지원 위원회 소속 직원들에게 특정 예술인들의 지원 배제를 지시한 것은 '직권을 남용'한 것으로 판단했다. 이 부분은 2심과 같다.

나아가 대법원은 한국문화예술위원회·영화진흥위원회·한국출판문화산업진흥원 소속 직원들로 하여금 △지원 배제 방침이 관철될 때까지 사업 진행 절차를 중단하는 행위 △지원 배제를 위한 명분을 발굴하는 행위 △지시에 따라 지원금 삭감 의안을 상정하는 행위 △상영 불가 통보 행위 등을 하게 한 것은 위 단체의 직원이 준수해야 하는 법령상 의무에 위배되므로 '의무 없는 일을 하게 한 때'에 해당한다고 보았다. 이 부분도 2심과 같다.

그런데 대법원이 "의무 없는 일이라 단정할 수 없다"라고 판단한 행위가 있다. 그것은 바로 ▲이미 작성된 명단을 송부하는 행위나 ▲공모 사업 진행 중 수시로 심의 진행 상황을 보고하는 행위를 하게 한 것이다. 이는 설사 상위 기관에서 직권을 남용하여 지시를 내렸다 해도 그 지시를 따르는 하위 기관의 입장에서는 기존에 일반적으로 이루어진 업무와 별다를 게 없었을 수도 있다는 점을 고려한 것이다. 상위 기관의 직권남용에 따른 것을 하위 기관의 직원들이 모두 '의무 없는 일'을 한 것으로 곧바로 연결할 수는 없다는 의미이다. 해당 부분의 대법원 판결을 일부 인용한다.

"원심도 인정한 것처럼 예술위·영진위·출판진흥원은 사업의 적정한 수행에 관하여 문체부의 감독을 받으므로 일반적으로 지원 사업의 진행 상황을 보고하는 등 문체부의 지시에 협조할 의무가 있고, 예술위 직원 공소외 4, 공소외 5 등은 원심에서 2014년 이전에도 문체부의 지시에 따라 공모 사업 신청자 명단을 송부해 준 사실이 있다고 진술하였다. 그렇다면 예술위·영진위·출판진흥원 직원들의 이 부분 행위는 의무 없는 일에 해당하기 어렵다고 볼 여지도 있다.

따라서 원심으로서는 예술위·영진위·출판진흥원 직원들이 종전에도 문체부에 업무협조나 의견교환 등의 차원에서 명단을 송부하고 사업 진행 상황을 보고하였는지, 그 근거는 무엇인지, 이 사건 공소사실에서 의무 없는 일로 특정한 각 명단 송부 행위와 심의 진행 상황 보고 행위가 종전에 한 행위와 어떠한 차이가 있는지 등을 살피는 방법으로 법령 등의 위반 여부를 심리하여 의무 없는 일을 하게 한 때에 해당하는지를 판단하였어야 한다.

그런데도 원심이 위와 같은 사항들에 대하여 심리·판단하지 않은 채 위에서 본 것과 같은 사정만으로 곧바로 의무 없는 일을 하게 한 때에 해당한다고 판단한 것에는 직권남용권리행사방해죄의 의무 없는 일에 관한 법리를 오해하고 필요한 심리를 다하지 아니하여 판결에 영향을 미친 잘못이 있다."

(대법원 2020. 1. 30. 선고 2018도2236 전원합의체 판결 [직권남용권리행

결과적으로 형량을 줄여버릴 수도 있는 이런 대법원의 파기환송 판결에 대해 문화예술계는 크게 반발했다. 그들은 '블랙리스트로 인해 문화예술인들이 받은 피해는 전혀 고려하지 않고 형식적인 법리만으로 결정한 것', '블랙리스트 그 자체가 범죄임에도 불구하고 실행 공무원들에게 면죄부를 주는 격'이라고 강하게 비난했다. 이런 비난도 일리는 있다. 실제로 직권남용죄의 법리 해석에 대해서는 법조인들 사이에서도 의견이 분분하다. 확실한 통설적 지위를 차지한 다수설이 없이 다양한 해석이 존재한다. 법조계에서도 이번 파기환송 판결에 대해 다양한 의견을 보였다. 문제된 대법원의 파기환송 판결 그 자체도 '다수의견, 별개의견, 반대의견'으로 구성되어 있는 판에 다양한 목소리가 나오지 않는다면 그것이 더 이상한 일이다.

하지만 진짜 문제는 이런 혼란이 문화계 블랙리스트 사건 하나로 끝나지 않을 것이라는 데 있다. 직권남용에 대한 대법원의 위와 같은 판단은 유사한 다른 권력형 개입 의혹 사건에도 영향을 미칠 것으로 예상된다. 지시를 받아 수족(手足) 역할을 한 하급 공무원들이 '의무 없는 일'을 한 것이 아니라면 많은 정치 개입 사건에서 국민들의 정서와는 다른 판결이 나올 여지가 있다. 예를 들면 양승태 전 대법원장 등이 현재 재판을 받고 있는 사법행정권남용 사건 등에서다.

이번 글은 법리적인 얘기가 많아 딱딱하고 건조했다. 어렵고 재미없을 수도 있지만 문화예술계의 소비자 역할을 맡은 우리가 반드시 알고 넘어가야 할 부분이라고 생각한다. 문화예술 콘텐츠의 생산자들은 말할 나위도 없다. 지원 배제 문제는 그들의 생존권과 연관된 것이고 실제로 많은 이가 이명박·박근혜 정부의 블랙리스트에 올라 경제적으로도 정신적으로도 힘든 시간을 보냈기 때문이다. 블랙리스트 사건으로 인해 대법원이 직권남용의 공식적인 법리까지 내놓았으니 이제 일선에서 정권의 입맛에 맞게 권력을 행사하는 일이 줄어들길 바랄 뿐이다.

어쩐지 너무 많더라니.
아무리 그래도 2,834점 전부가 위작이었다니…
- 예술품의 위조와 감정

　　국내 미술품의 거래에 대해 공부하거나 조금이라도 관심
이 있다면 아마도 한 번쯤은 들었을 법한 희대의 사기 사건이 있
다. 2005년에 시작되어 무려 12년 동안이나 다툼이 이어지다가
마침내 2017년 여름 대법원의 판결 선고로 종지부를 찍은 '화가
이중섭·박수근의 그림 위작 사건'이 바로 그것이다. 사건 초반에
는 대중의 뜨거운 관심을 받았지만 워낙 긴 시간에 걸쳐 공방이
이어지다 보니 사람들의 관심도 점차 희미해져 갔다. 그래서 결
론이 나긴 났는지, 어떻게 났는지, 그 내용은 어떠한지는 아직도
많은 사람이 잘 모르는 것 같다. 이참에 한 번 정리해보자. '화가
이중섭·박수근의 그림 위작 사건'을 배경으로 하여 작품의 진위
는 어떻게 판단할 수 있는지, 즉 미술품의 감정 방법에 대해서도
살펴보겠다.

화가 이중섭(1916~1956)의 50주기(2005년)를 기념하기 위해 한국고서연구회의 명예회장 김 모 씨는 2004년 방송사 SBS에 이중섭의 미발표작 전시회를 제안했다. 그는 일본 도쿄에서 표구점을 운영 중이던 이중섭의 차남 이 모 씨를 찾아가 자신이 소장하던 이중섭의 그림을 보여주었고, 이 씨는 김 회장이 보유한 모든 그림이 진품이 맞다고 SBS에 확인해주었다. 몇 달 뒤 이 씨는 이중섭의 유작이라며 그림 8점을 서울옥션 경매에 내놓았는데, 이때 한국미술품감정협회는 이들 그림이 모두 위작이라고 의혹을 제기했다. 이 씨는 유족이 50년 동안 보관해왔다는 이중섭의 미발표작 20여 점도 새로 공개했다. 그런데 이 가운데 4점이 김 회장이 SBS에 보여줬던 작품과 같은 것으로 드러나 문제의 직접적인 발단이 되었다. 한국미술품감정협회는 이 씨가 김 회장으로부터 위작을 넘겨받은 뒤에 이를 진품이라고 주장하는 것이라며 검찰에 수사를 촉구했다. 이에 이 씨는 위 감정협회를 명예훼손으로 고소하며 지리한 법적 공방이 본격적으로 시작된다.

감정 결과와 이에 대한 불복이 이어지는 와중에, 김 회장은 자신이 1970년대 초에 인사동 고서점에서 집 한 채 값으로 묶음으로 구입했다는 이중섭과 박수근(1914~1965)의 그림을 추가로 공개했다. 이때 비로소 박수근의 그림도 등장하여 이 사건의 통칭이 '화가 이중섭·박수근의 그림 위작 사건'이 되었다(이는 대법원의 판결문에서도 쓰인 명칭이다). 박수근의 아들 박 모 씨가 김 회장이 공개한 박수근의 그림이 위작이라며 김 회장을 고소했다. 김 회장도 박 씨와 감정협회를 무고와 명예훼손으로 맞고소하며 사건은 복잡하게 얽혀갔다. 검찰은 2005년 10월에 표본 작품들을 국립과학수사연구소, 국립현대미술관 등에 감정 의뢰했고, 이들 기관은 표본 작품들을 모두 위작으로 판단하였다. 검찰이 본격적으로 김 회장의 집과 사무실을 압수수색한 결과 약 2,800여 점에 달하는 이중섭과 박수근의 그림을 찾아내었다.

전문가들의 감정 끝에 압수한 2,800여 점의 그림들은 전부 위작이라는 결론을 얻었다. 검찰은 2007년 10월 김 회장을 구속기소했고 신병을 확보하지 못한 일본 국적의 이 씨에게는 기소유예 처분을 내렸다. 1년 반 정도 진행된 재판 끝에 1심 재판부는 2009년 2월 김 회장에 대해 사기죄, 위조사서명행사죄, 무고죄 등으로 징역 2년에 집행유예 3년을 선고했다. 김 회장은 이에 불복하여 항소(2심), 상고(3심)를 제기하였지만 항소심 법원과 상고심 법원(대법원) 모두 김 회장의 상소를 기각하고 유죄를 확정했다(대법원 2017. 7. 18. 선고 2013도1843 판결).

법원이 이 사건의 그림들 2,800여 점 모두가 위작이라고 판단한 근거는 무엇일까? 사실인정은 법관의 전속적인 권한이지만 미술품 감정의 경우처럼 특별한 전문가의 판단이 필요한 때도 종종 있다. 재건축 사건의 경우 보상금 산정의 기준이 되는 시가 감정, 저작권 침해 여부를 판단할 때의 유사성 감정 등이 그 예이다. 이때 법원은 감정인을 위촉하여 그 판단을 구한다. 법관이 감정인의 판단을 따라야만 하는 건 아니다. 그러나 변호사로서의 나의 경험에 비추어 볼 때 특별한 경우가 아닌 한 감정인의 감정 결과는 대부분 사실인정의 기초자료가 되었다. 그래서 법원은 소송의 양 당사자에 중립적인 감정인을 위촉하고자 노력한다. 각각의 당사자가 별개로 감정 신청을 하여 법관이 이를 종합하여 판단하는 경우도 있다.

다시 '화가 이중섭·박수근의 그림 위작 사건'으로 돌아오자. 이 사건에서 법원은 "안목 감정, 과학 감정 및 자료 감정에서 나타난 사항들을 면밀히 종합해 보면 가짜 그림이라고 봄이 타당하고, 피고인도 이를 알 수 있었던 것으로 보인다"고 판단하였다. 실제로 미술품의 진위에 대한 감정은 자료 감정과 안목 감정이 주를 이루고 작품의 상태에 비추어 가능할 경우 과학 감정도 이루어진다. 하나하나 살펴보자.

먼저 **자료 감정**이 있다. 다른 말로 '출처 조사'라 한다. 말 그대로 해당 작품 소유권의 역사 등을 거래 기록, 카탈로그 레조네 등을 통해 증명하는 것이다. 감정에서 작품의 소장 이력을 꼼꼼하게 살펴보는 것은 기본적이며 필수적인 과정이다. 기타 출판 서적이나 관련 기사 등을 통해 작품에 대한 과거의 기록이 있는지 찾아보고, 그 기록들과 작품 소유자의 소장 경위 등의 진술 사이에 서로 모순되는 점은 없는지 등을 종합적으로 판단한다. 우리나라는 작가별로 작품 전체를 등록하는 카탈로그 레조네가 법제화되어 있지 않다. 따라서 판매 기록, 전시회와 경매 도록, 작가의 아카이브 등 여타 접근 가능한 기록들과 소장 이력을 모두 모아 종합적으로 분석할 수밖에 없다. 따라서 자료 감정만으로는 어느 정도 한계가 있다. 그래서 법원은 자료 감정 결과를 진품 인정의 유일한 증거가 아닌 '유력한 증거 중 하나'로 다루곤 한다.

'화가 이중섭·박수근의 그림 위작 사건'에서 한국미술품 감정협회는 다수의 출판 자료들을 분석한 결과를 발표했다. 이중섭의 〈물고기와 아이〉에 등장하는 두 팔로 물고기를 안고 있는 그림은 1952년 10월 한 잡지와 1955년 이중섭 개인전 포스터와 전시안내장에 사용되었다. 그런데 이 포스터와 안내장의 그림들은 김 회장의 그림과 좌우가 바뀌어 있다. 좌우가 바뀐 그림은 이중섭의 작고 이후 발간된 화집 『한국 현대미술 대표작가

100인 선집』에 수록된 것과 일치하는데, 위 선집에서 좌우가 바뀐 그림이 사용된 이유는 원작을 촬영할 때 제작진이 실수로 원화를 촬영한 도판의 필름을 뒤집어 인쇄하였기 때문이다. 이 사실을 모른 채 위작 화가는 위 선집의 그림을 그대로 모사했다는 것이다. 이러한 주장이 바로 발표된 출판 서적을 종합하여 판단한 것으로서 자료 감정의 한 예라고 할 수 있다.

또한 현재까지 밝혀진 진품의 숫자도 근거가 될 수 있다. 이 사건에서 재판부는 작가들의 작업 일지 등을 조사하였으며, "진품 수에 비해 피고인이 보유하고 있는 작품의 수가 너무 많은 점"도 그림들이 가짜로 보이는 근거로 들었다.

두 번째로 **안목 감정**은 미술 전문가의 지식, 경험, 직관에 기초한 판단이다. 진품 여부를 결정하는 매우 결정적이고 중요한 감정 방법이지만 주관적인 평가이기 때문에 법적인 문제로 들어가면 판사들을 고민에 빠지게 만들곤 한다. 전문가가 "딱 봤을 때 너무 조악합니다. 아닙니다"라고 말하는데 이걸 어떻게 판결문에 옮기나…. 안목 감정은 스타일적인 관점에서 작품을 검토한다. 예술적인 스타일, 품질, 색채의 사용, 화풍, 주제와 소재, 물감의 종류, 물감의 터치 등등을 종합적으로 전문가의 눈으로 보아 판단하는 것이다. 이중섭·박수근 사건에서도 감정협회는 "감정 목적물은 선의 필치에서 이중섭 특유의 표현과 속도감이 나타나지 않고, 인체의 특징을 파악하지 못해 조악하게 복제되었다"라는 취지의 주장을 했다. 재판부도 20~30년간 두 작가의 작품을 접해온 전문가가 평가하는 안목 감정 결과를 활용하였다.

마지막 **과학 감정**은 과학자들에 의해 객관적인 절차를 거치는 방법이다. 작품의 상태가 여러 과학 실험 과정을 거칠 수 있을 경우에 실시한다. 비교적 오래된 작품의 경우에는 방사성탄소 연대 측정법, 세라믹이나 점토로 이루어진 작품(조각이나 골동품)에 적용 가능한 열발광 분석, 유화를 사용한 그림에 화가 특유의 필치를 확인해 볼 수 있는 X선 투사, 수정하거나 덧칠한 부분 등을 알 수 있는 자외선과 적외선 사용법, 재료를 화학적으로 분석해 화가가 그림을 그렸던 시대와 맞는지 확인해 볼 수 있는 재료 분석 등이 주된 방법이다.

이중섭·박수근 사건의 경우 감정협회는 "이중섭의 그림에는 펄 물감이 사용된 적이 없는데 위작은 펄 물감으로 채색되어 있었다"는 취지의 주장을 했다. 재판부도 "이중섭, 박수근의 생전에는 없었을 것으로 보이는 물감이 칠해져 있는 것도 있다"고 판단하며, 박수근 화백이 사망한 1965년 이후인 1984년부터 미술용 물감에 들어간 티타늄과 규소 성분을 찾아낸 X선 형광 분석기 확인 결과, 현미경 관찰, 적외선 촬영 등을 활용한 과학 감정 결과를 받아들였다.

　'화가 이중섭·박수근의 그림 위작 사건'은 작품의 진위 여부를 둘러싼 국내의 다른 사건들에 비하면 비교적 깔끔하게 끝난 편이다. 물론 대중들이 받아들이는 한 편의 드라마로서 그 결말이 그렇다는 것뿐이다. 이중섭의 차남인 이 씨에 대한 처분도 최종적으로 이루어지지 않았고 뭔가 미심쩍은 것들이 완전히 규명되지 못한 것은 사실이다. 그렇지만 '작품 공개 → 가짜 아냐? → 감정 → 전부 가짜'라는 단순한 서사도 그렇고, 2,800여 점에 달하는 그 많은 작품이 그동안 다 숨어있던 진품이라는 것이 선뜻 믿어지지 않기 때문에 적어도 우리에게는 단순명료한 결말로 느껴진다.

　찜찜한 사건들은 널려있다. 천경자 화백(1924~2015)의 〈미인도〉 위작 논란을 생각해보자. 삼십 년 가까이 위작 논란이 진행 중이다. 법적으로는 여러 번 진품으로 결론 났지만 작가 본인이 "자기 자식인지 아닌지 모르는 부모가 어디 있습니까? 나는 결코 그 그림을 그린 적이 없습니다"라고 반박을 하고 세상을 떠났으니 우리 모두에게 석연치 않은 기분이 드는 것은 당연하다.

　우리는 단지 기분이 찜찜한 정도에 머무르지만 위작 시비는 작가 본인에게 엄청난 심리적·경제적 타격을 준다. 그뿐만 아니라 예술품 위조는 국가적 문화 인식 수준을 의심받을 수 있는 중대한 문제이기도 하다. 이와 관련해 국내에는 미술품의 감정 평가가 공신력 있는 특정 기관이 아닌 여러 화랑 혹은 사설 기관을 중심으로 운영되고 있다는 문제점이 오랫동안 제기되어 왔다. 작가별로 작품 전체를 등록하는 카탈로그 레조네가 법제화된 다른 국가들과 달리 국내에서는 객관성이 떨어지고 각 기관마다 진위 판정이 서로 다른 경우가 종종 있었기 때문이다.

국회에서는 국가가 개입하여 특정 기관을 감정 연구 센터로 지정하도록 하는 내용의 법안이 여러 차례 발의되었지만 실제 법률의 제정으로 이어지지 않고 있다. 국회를 움직이는 힘은 결국 유권자로부터 나오는 것이니 우리가 먼저 예술품의 위조와 감정에 관심을 더 기울여야겠다. 또 우리가 잘 해보자는 결론이냐는 볼멘소리가 들린다. 그렇다. 이렇게 마무리하지 않으면 글의 마무리가 너무 어렵다. 이어질 몇 개의 글에서 또 이럴지도 모른다….

위작(僞作)과 대작(代作)을 '사기죄'로 한데 묶을 수 있을까
- 위작과 대작의 형사법적 위치와 이를 둘러싼 현대미술 논쟁

바로 이전 글에서는 2017년 대법원 판결로 무려 12년간의 논란의 종지부를 찍은 '화가 이중섭·박수근의 그림 위작 사건'을 바탕으로 예술품의 진위 감정 방법을 살펴보았다. 그러면서도 우리 법이 위작(僞作)을 어떻게 바라보고 있는지, 즉 위작 유통이 어떤 처벌을 받게 되는지는 따로 다루지 않았다. 그래서 이번엔 위작 유통의 형사 책임 문제를 먼저 간단히 살피고, 미술품을 작가가 직접 만든 것이 아니라는 측면에서 유사한 대작(代作)의 경우도 위작과 비슷하게 볼 수 있는지 생각해 보고자 한다. 우리에게 잘 알려진 '가수 겸 화가 조영남의 화투 그림 대작 사건'에 대한 사법부의 판단과 이를 둘러싼 논란을 바탕으로 자세히 들여다보자.

유명한 그림을 똑같이 따라 베끼는 것 그 자체는 문제가 없다. 취미일 수도 있고 실력 배양을 위한 연습일 수도 있고….

그것만으로는 문제 될 일이 없다. 문제는 그러한 작품이 유통되는 순간 발생한다. 저작권 보호 기간 내에 벌어진 일이라면 저작재산권 침해로 다룰 수도 있다. 그러나 생각해 볼 수 있는 죄 중가장 중한 것은 사기죄이다. 최대 10년의 징역까지 선고할 수있는 중죄이기 때문이다.

> **형법 제347조(사기)** ①사람을 기망하여 재물의 교부를 받거나 재산상의 이익을 취득한 자는 10년 이하의 징역 또는 2천만 원 이하의 벌금에 처한다(이하 제2항 생략).

사기죄는 ①사람을 속이는 행위로 ②이에 속아 넘어간 피해자가 ③어떠한 재산상의 대가를 치러 ④속이는 행위를 한 사람이 이득을 얻게 되면 성립한다. 법률 용어로는 ①기망행위, ②피기망자의 착오, ③처분행위, ④재물의 교부 또는 재산상 이득이라는 말들이 쓰인다.

'화가 이중섭·박수근의 그림 위작 사건'에서 법원은 피고인이 갖고 있던 위작을 마치 진품인 것처럼 제시·판매하여 그 대금을 피해자(그림 매수인)로부터 받았다는 사실을 인정하여 사기죄를 유죄로 판단했다. 나아가 위작인 그림들이 진품임을 전제로 하는 전시회를 추진하며 방송사 SBS로부터 그 대가로 계약금을 받으려 하다가 실패한 사실을 인정하여 사기미수죄까지도 인정했다. 또한 법원은 누가 실제로 그림들을 베껴 그린 것인지는 알 수 없지만, 피고인이 그림에 쓰여 있는 이중섭·박수근의 서명이 위조된 점을 알면서도 이 서명이 진짜인 것처럼 다른 사람들에게 제시하였다는 사실에 대하여 위조사서명행사죄의 유죄를 선고했다.

이처럼 위작 사건의 법리 적용은 단순한 편이다. 문제를 푸는 핵심은 작품이 진짜인지 가짜인지 판단하는 감정 결과이다. 법원도 "이 사건의 핵심적인 쟁점은 피고인 김○○가 보유한 그림들이 위작인지 여부이다"라고 명시적으로 선언했다. 일반적으로 위작인지 아닌지는 중간치가 없는 '모 아니면 도'의 문제이므로 어떤 관행의 존재나 그에 대한 당사자의 인식 여부 등의 문제와는 질적으로 다르다.

위작(僞作)과 달리 대작(代作)의 경우는 조금 복잡하다

하지만 대작(代作) 문제는 위작(僞作)과 다르다. '조영남의 화투 그림 대작 사건'에서 그림을 실제로 누가 그렸는지는 문제되지 않았다. 조영남 씨의 지시에 따라 다른 작가들이 대부분을 그렸다는 사실, 즉 그림이 조 씨의 친작(親作)이 아니라는 사실 자체는 당사자들 사이에 별다른 이견이 없었다. 문제는 그 사실

을 구매자들에게 알리지 않은 것이 사기죄의 요건인 기망행위에 해당하는지였다. 위작 여부를 가리는 '사실 판단'의 문제와는 질적으로 다른 '법리 적용'의 문제가 발생한 것이다.

한편 대작(代作) 그림을 판 것이 형사 처벌 대상인가를 떠나, 현대미술의 관행에 관한 이해 없이 애당초 이 사건을 검찰이 기소하여 법원으로 끌고 들어왔다는 사실 자체에 대해서도 말이 많았다. 이런 비난은 주로 예술계 인사들이 제기했다. 나는 현대미술의 문외한이므로 그러한 비평에 대해서는 큰 줄기만 언급하고자 한다. 인터넷으로 검색해보니 전문가들이 수차례에 걸쳐 다양한 매체에 현대미술에서의 대작의 의미와 이에 무지한 대중과 사법부에 대한 의견을 피력했다. 그 밖에 단편적인 뉴스 외에는 법원이 이 사건을 1심과 2심에서 어떤 근거로 다르게 판단했는지 설명해 놓은 글은 찾아보기 어려웠다. 그래서 내가 나섰다(또 틈새시장!). 이하에서 이를 간략히 정리해 보겠다. 판결 내용의 일부만을 인용하여 요약했다는 사실을 미리 밝힌다.

1. 논란의 시작 및 검찰 수사

우연한 기회로 화투 그림이 대작(代作)이라는 사실이 언론과 수사기관에 알려져 논란이 시작되었다. 대작 화가 송 씨가 화투 그림은 자신이 그린 것인데 억울하다고 저작권법 위반을 주장하며 시작된 사건은 아니었다. 송 씨가 고소한 일도 없다. 수사기관은 화투 그림의 구매자들을 조사하여 그들 대부분이 대작 그림이라는 사실을 모르고 샀다는 사실을 확인했다. 검찰 수사의 착수와 함께 논란은 더욱 커졌고, 대작(代作)은 현대미술의 관행이라는 조영남 씨의 주장에 대해 미술계 11개 단체가 조 씨를 명예훼손 혐의로 고소하는 등 사건은 일파만파 커졌다.

2. 1심 법원의 판단 : 사기죄 유죄

2017년 10월 18일, 1심 법원은 조영남 씨에게 사기죄의 유죄를 선고했다. 그의 매니저 겸 소속사 대표이사인 장 씨에 대해서도 공모 관계를 인정할 수 있다고 판단하여 역시 사기죄의 유죄를 선고했다.

1심 법원은 대작 화가 2인은 전문적 지식과 기술, 예술적 수준, 화투 그림 제작에 기여한 정도 등을 종합적으로 고려할 때 단순한 '조수' 관계로 보기는 어렵고 오히려 독립적인 '작가'로 보아야 한다고 판단했다.

또한 조영남 씨가 대작 화가들과 공동 작업이 가능한 작업실을 따로 마련하지도 않았고, 보조 인력을 체계적으로 관리한 것도 아니라는 점에서 팝아트(Popular Art, 대중 미술), 개념미술(Conceptual Art), 미니멀아트(Minimal Art)의 대표 작가들인 앤디 워홀(Andy Warhol, 1928~1987), 제프 쿤스(Jeff Koons, 1955~), 데미안 허스트(Damien Hirst, 1965~), 무라카미 다카시(村上隆, 1962~) 등의 경우와는 다르다고 판단했다. 나아가 법원은 "조영남은 평소 언론 인터뷰 등을 통하여 자신의 그림 그리는 모습을 자주 노출했고, 자신이 직접 그림을 그린다는 사실을 강조하면서 조수 사용의 제작 방식에 대하여 비판적인 시각도 드러냈다"는 이유를 들며 "화투 그림을 현대미술의 주류적인 흐름 속에서 파악해야 한다"는 조 씨의 주장도 받아들이지 않았다.

이를 바탕으로 1심 법원은 '친작(親作) 여부는 구매를 할 것인지 아닌지를 판단하는 기초가 되는 중요한 정보이다. 피고인들은 구매자들이 사실을 제대로 알았더라면 그런 높은 가격에 구매하지 않았으리라는 것을 미필적으로나마 인식하고 있었다. 그런데도 정확한 정보를 제공하지 않음으로써 고지 의무를 이행하지 않았다. 그러므로 피고인들의 기망에 대한 미필적인 고의를 인정할 수 있어 사기죄가 성립한다'는 취지의 판단을 내렸다. 쉽게 말해 자신이 직접 그린 것인지 여부를 밝혀야 할 법적인 의무가 있는데 이를 행하지 않은 것이 잘못이라는 것이다.

3. 미술계의 반발과 진중권 교수의 발언

위 1심 판결에 대해 일부 평론가들은 반기를 들고 나섰다. 이 중 가장 강력하게 의견을 피력한 것은 미학 전문가인 진중권 전 동양대 교수이다. 그는 이 사건의 검찰 수사 단계 초기부터 일관되게 조 씨를 옹호했다. 위 1심 사건의 6차 공판에 증인으로 출석해 화투 그림은 "1,000% 조영남의 작품"이라며 현대미술의 관행에 대해 증언을 하기도 했다. 1심에서 유죄가 선고된 이후에도 계속하여 이 사건 판결은 미술에 대한 대중의 고루한 관념으로 인한 여론 재판임을 지적했다.

4. 2심(항소심) 법원 및 대법원의 판단 : 사기죄 무죄

항소심 법원은 2018년 8월 17일 1심을 파기하고 조 씨와 장 씨에게 무죄를 선고했다(서울중앙지방법원 2018. 8. 17. 선고 2017노3965 판결). 법원은 "조영남은 화투 그림의 구상에서부터 작품 제목의 결정, 제작 방식과 소재의 선택, 작품으로서의 최종 완성 여부 및 전시 여부 등을 모두 결정하였고, 추가 작업을 통하여 그림을 마무리함으로써 자신이 구상했던 컨셉에 맞게 작품을 완성한 후 서명하여 판매한 사실"을 인정했다. 이를 근거로 대작 화가들은 기술적인 보조자일 뿐 화투 그림의 작가라고 평가할 수는 없다고 판단했다.

또한 1심에서 언급되었던 앤디 워홀, 제프 쿤스, 데미안 허스트, 무라카미 다카시 등도 자신의 이름으로 전시·거래되는 작품을 제작·판매함에 있어 추상적인 아이디어와 개념만 제공할 뿐, 이를 구체적으로 형상화하는 작업은 기계의 힘을 빌리거나 고용된 보조 인력을 이용했다는 점도 위와 같은 판단의 근거로 삼았다. 나아가 대작 화가들과 조영남이 사제 관계에 있었는지, 대작 화가들의 회화 실력이 어떠한지, 그들이 받은 보수의 유무나 그 액수 등에 관한 사정은 윤리적 또는 예술적 비판의 대상이 될 수 있을 뿐이므로 그러한 사정들이 대작 화가들이 화투 그림의 '작가'인지 '보조자'인지를 판단하는 기준이 될 수는 없다고도 판시하였다.

조영남과 장 씨가 화투 그림이 친작(親作)이 아니라는 사실을 구매자들에게 알리지 않은 것이 사기죄의 기망행위에 해당하는지 여부에 대한 판단도 1심과 정반대였다. 항소심은 작품이 진품인지, 즉 위작이 아닌지는 일반적으로 확인받아야 할 중요한 문제이지만 이와 달리 '해당작가의 친작인지 여부'는 일률적으로 필수적이고 중요한 정보라고 단정할 수는 없다고 판단했다. 작품 구매의 동기나 목적, 용도 또한 감상용·소장용·전시용·투자용으로 다양하다는 점을 근거로 했다. 따라서 친작 여부를 알릴 것인지, 알린다면 어느 정도까지 알려줄 것인지는 전적으로 작가 또는 갤러리의 자유로운 의사에 따라야 하고 이들에게 법적인 고지 의무를 지울 수는 없다는 것이다.

구매자들이 속으로는 조영남의 친작일 것이라 생각했더

라도 그들은 엄연히 그림이 '조영남의 작품'으로 인정받고 유통 되는 상황에서 이를 구매했다. 위작 시비나 저작권 시비가 없었 던 것은 명백했다. 따라서 법원은 이런 상황에서 개인적이고 주 관적인 기대와는 다르다는 이유만으로 구매자들이 법률적으로 의미 있는 착오에 빠져 있었다거나 조영남에 의해 기망 당한 것 으로 볼 수도 없다고 판단했다.

약 2년의 시간이 흐른 2020년 6월 25일 대법원도 2심의 판단을 수긍하는 판결을 내리며 이 사건을 마무리했다. 이로써 조영남 씨의 대작 사건은 무죄로 최종 확정되었다(대법원 2020. 6. 25. 선고 2018도13696 판결).

이 사건을 온전히 이해하기 위해서는 현대미술에 대한 이 해가 선행되어야 할 것 같다. 아리송한 현대미술 개념을 이해했 다고 해서 법원의 판단까지 다 이해할 수 있는 건 아니지만 말이 다. 2심 법원에서 무죄가 선고된 이후 대법원 판결에 이르기까 지 이 사건과 관련한 기사에 달린 댓글들을 샅샅이 찾아 읽어봤 다. 현대미술이고 뭐고 할 것 없이 유명인이 자신의 명성을 이용 해 손쉽게 그림을 팔아 목돈을 벌어들였다는 생각에 대중들은 아직 화가 풀리지 않은 것 같다. 많은 이가 1심 판결의 결과에 심정적으로 더 동의하고 있다는 느낌을 받았다.

그래도 다시 한번 생각해 볼 필요는 있겠다. 이 사건을

"현대미술의 규칙을 검찰이 제정하려 든 것"(진중권 전 교수가 이 사건에 관해 쓴『미학 스캔들』표지에 등장하는 말이다)으로 볼 수 있는지, 그러면 안 되는 이유가 있는지, 혹시 우리가 잘 몰라서 화가 났던 것은 아닌지 한번 자세히 알아본 다음에 다시 의견을 정리해 보면 어떨까.

미술품 경매는 뭐길래 이렇게 대서특필 되는 것일까

– 미술품 경매의 법적 성질과 약관의 규제

2019년 한국 추상미술의 거장 김환기 화백(1913~1974)의 작품 〈우주(Universe 5-IV-71 #200)〉가 한국 미술품 경매가 최고 기록을 세워 예술계를 흥분시켰다. 11월 23일 홍콩컨벤션전시센터에서 열린 크리스티 홍콩 경매에서 8,800만 홍콩 달러(약 131억 8,750만 원)에 낙찰된 것이다. 구매 수수료를 포함한 가격은 약 153억 4,930만 원이다. 수수료를 뺀 낙찰가를 기준으로 할 때 우리나라 미술품이 경매에서 100억 원을 넘긴 것은 이번이 처음이라고 한다.

일단 듣기에 어마어마하다. 그래도 우리에게 이런 최고 낙찰가 갱신 뉴스가 생소하지는 않다. 몇 년에 한 번, 소더비라든가 크리스티라든가 하는 회사가 주관하는 미술품 경매에서 자코메티니 피카소니 하는 유명작가의 그림이 무려 1,000억 원이 훌쩍 넘는 가격으로 낙찰되었다는 뉴스를 들어와서 그렇다. 소더비(Sotheby's)와 크리스티(Christie's), 이 두 회사가 고가 예술품 시장의 약 80%를 점유하고 있다고 한다. 이들은 각각 1744년과 1776년 영국에서 설립된 역사와 전통의 경매 회사다. 그렇다 하더라도 왜 유독 미술품의 경매 결과가 종종 대서특필 될까? 다른 일반 거래에서 거래가가 수백억 원, 수천억 원이 넘는 일이 드문 것도 아닌데 말이다.

특히나 자코메티의 작품을 보면, 음…. 그냥 길쭉하기만 하고 만드느라 특별히 더 고생한 것 같지는 않은데…. 엄청나게 비싸서 사람들이 관심을 가지는 걸까? 미술품의 가치 측정에 문외한인 나 같은 사람들은 그렇게 느낄 수도 있다. 그런데 좀 자세히 들여다보면 다른 이유도 있다. 미술품 경매는 단순히 작품의 가격을 매기는 것으로 끝나지 않는다. 예술품 경매장은 작품 그 자체뿐만 아니라 예술가의 랭킹, 그리고 랭킹에 오른 작품을 살 만한 여력이 되는 콜렉터들의 명성과 지위에 대한 경쟁과 평가의 장이다. 나아가 경매 과정에서 작품들에 대한 비평이 이루어지고 그러한 평론은 미학과 미술사 분야의 중요한 자산이 된다. 가격 기준이 없고 판매할 상품이 소규모로 한정된 고가의 예술품의 경우에는 그 가치의 불확실성을 해소하는데 경매보다 더나은 거래 시스템은 존재하지 않는다고 보아도 무방하다. 그래서 많은 사람이 관심을 보이나 보다.

미술품 경매의 본질은 '위탁매매'

우리나라는 어떠할까? 국내 예술품 시장에 경매라는 방식이 본격적으로 자리 잡기 시작한 것은 1990년대 후반이다. 1998년 가나아트 갤러리가 독립적인 법인으로 지금의 서울옥션인 서울경매주식회사를 설립했고 2005년부터는 K옥션과 마이아트옥션 등이 시장에 합류했다. 문화체육관광부가 (재)예술경영지원센터와 (새)한국미술시가감정협회와 함께 미술품 거래 정보, 미술시장 분석자료 등을 제공하기 위해 2016년 1월 구축한 한국미술시장정보시스템(http://www.k-artmarket.kr) 홈페이지에는 2021년 1월 현재 총 9개의 경매 회사가 등록되어 있다. 꼬모옥션, 마이아트옥션, 서울옥션, 서울옥션 블루, 아이옥션, 에이옥션, 칸옥션, 케이옥션, 헤럴드아트데이가 그것이다(가나다 순). 거래 규모는 소더비나 크리스티 경매보다 훨씬 작지만 최근 들어 미술품의 투자 가치가 각광을 받게 됨으로써 거래량이 급속도로 증가하고 있다.

미술품 경매는 어떤 법적인 규율을 받는지도 궁금하다. 거래가 폭발적으로 증가하기 시작했으니 이제 머지않아 작가든 경매 회사든 소비자든 억울함을 호소하는 일들이 종종 생겨날 게 불 보듯 뻔하다. 그러니 한번 살펴보는 것도 시간 낭비는 아닐 것 같다. 기본적으로 예술품의 소장자가 경매 회사에 그 작품의 매각을 의뢰하는 행위의 법적 성격은 '위탁매매'로 해석될 수 있으며, 그 경우 경매 회사는 상법상 '위탁매매인'이 된다.

상법 제7장 위탁매매업

제101조(의의) 자기명의로써 타인의 계산으로 물건 또는 유가증권의 매매를 영업으로 하는 자를 위탁매매인이라 한다.

제102조(위탁매매인의 지위) 위탁매매인은 위탁자를 위한 매매로 인하여 상대방에 대하여 직접 권리를 취득하고 의무를 부담한다.

제105조(위탁매매인의 이행담보책임) 위탁매매인은 위탁자를 위한 매매에 관하여 상대방이 채무를 이행하지 아니하는 경우에는 위탁자에 대하여 이를 이행할 책임이 있다. 그러나 다른 약정이나 관습이 있으면 그러하지 아니하다.

위 법조문 중 실제 상황에서 가장 중요한 부분은 어디일까? 바로 밑줄 그은 제105조 후문이다. 미술품 경매가 법적으로 위탁매매에 해당한다고 할지라도 상법 조문은 느슨하고 대략만을 규정하고 있으므로 시시콜콜하게 벌어지는 거래상 문제점을 모두 다 망라하여 미리 규율할 수는 없다. 그래서 경매 회사는 다른 약정, 즉 '약관'을 작성하여 이에 동의한 고객만을 상대로 서비스를 제공한다. 바로 여기서 문제가 발생할 수 있다. 변호사인 나를 포함하여 우리 모두 약관은 제대로 읽지 않고 '전체

동의'하고 있지 않은가?!

몇몇 미술품 경매 회사의 약관을 읽어 보았다. "당사는 …과 관련하여 발생한 어떠한 오류나 누락에 대해서도 그 사유를 불문하고 책임지지 않습니다.", "당사는 별도의 설명 없이 당사의 절대적 재량으로 모든 응찰 등록을 거부할 수 있습니다.", "당사는 절대적인 재량에 따라 (중략) 어떠한 응찰도 수락할 의무가 없습니다.", "표제 사항 외 사항 또는 당사 임직원의 말 또는 글로 표현한 내용 등에 대하여는 보증을 하지 않습니다.", "사유를 불문하고 당사 또는 임직원, 대리인, 그리고 위탁자에 의한 경매의 실시 또는 경매 물품의 경매와 관련된 모든 작위 또는 부작위에 관하여 책임을 지지 않습니다.", "당사 또는 당사 임직원의 고의 또는 중과실에 의하여 낙찰자에게 발생한 손해를 제외하고, 당사의 낙찰자에 대한 책임은 어떠한 경우에도 낙찰자가 당사에게 실제로 지급한 금원을 초과하지 않습니다." 이런 문구들이 보인다. 물샐 틈 없이 경매 회사의 책임을 부정하기 위한 사전 약속이다. 합리적인 사전 규율일 수도 있다(물론 경매 회사의 입장에서 말이다). 그러나 실제로 구체적인 사건이 발생할 경우 작품에 대한 모든 정보를 쥐고 있는 경매 회사 자신들의 거래상 우월한 지위를 남용할 수 있는 방패막이 될 여지도 있다.

이런 경우를 대비해 존재하는 법이 바로 「약관의 규제에 관한 법률」이다. 줄여서 '약관법', 또는 '약관규제법'이라고 하는 이 법률은 건전한 거래질서 확립과 소비자 보호를 주된 목적으로 한다. 미술품 경매에서 약관규제법이 갖는 의미가 매우 크다고 생각해 법조문을 다소 길게 인용한다.

> **약관의 규제에 관한 법률 제1조(목적)** 이 법은 사업자가 그 거래상의 지위를 남용하여 불공정한 내용의 약관을 작성하여 거래에 사용하는 것을 방지하고 불공정한 내용의 약관을 규제함으로써 건전한 거래질서를 확립하고, 이를 통하여 소비자를 보호하고 국민생활을 균형 있게 향상시키는 것을 목적으로 한다.
>
> **제5조(약관의 해석)** ①약관은 신의성실의 원칙에 따라 공정하게 해석되어야 하며 고객에 따라 다르게 해석되어서는 아니 된다.
>
> ②약관의 뜻이 명백하지 아니한 경우에는 고객에게 유리하게 해석되어야 한다.
>
> **제6조(일반원칙)** ①신의성실의 원칙을 위반하여 공정성을 잃은 약관 조항은 무효이다.
>
> ②약관의 내용 중 다음 각 호의 어느 하나에 해당하는 내용을 정하고 있는 조항은 공정성을 잃은 것으로 추정된다.
>
> 1. 고객에게 부당하게 불리한 조항
>
> 2. 고객이 계약의 거래형태 등 관련된 모든 사정에 비추어 예상하기 어려운 조항
>
> 3. 계약의 목적을 달성할 수 없을 정도로 계약에 따르는 본질적 권

리를 제한하는 조항

제7조(면책조항의 금지) 계약 당사자의 책임에 관하여 정하고 있는 약관의 내용 중 다음 각 호의 어느 하나에 해당하는 내용을 정하고 있는 조항은 <u>무효</u>로 한다.

1. 사업자, 이행 보조자 또는 피고용자의 고의 또는 중대한 과실로 인한 법률상의 책임을 배제하는 조항

2. 상당한 이유 없이 사업자의 손해배상 범위를 제한하거나 사업자가 부담하여야 할 위험을 고객에게 떠넘기는 조항

3. 상당한 이유 없이 사업자의 담보책임을 배제 또는 제한하거나 그 담보책임에 따르는 고객의 권리행사의 요건을 가중하는 조항

4. 상당한 이유 없이 계약목적물에 관하여 견본이 제시되거나 품질·성능 등에 관한 표시가 있는 경우 그 보장된 내용에 대한 책임을 배제 또는 제한하는 조항

위에서 언급한 실제 경매 회사의 약관 조항 일부는 밑줄 그은 약관규제법 제7조를 위반하여 소비자가 무효를 주장할 수 있는 여지가 있다. 아직은 언론에 떠들썩하게 나올 정도로 미술품 경매 회사와 고객 사이의 구체적인 분쟁이 불거지지 않았는지 모르지만 이런 약관들은 분명 잠재적인 위험성을 갖고 있다. 전 세계 예술품 경매와 관련한 분쟁이 제일 많은 도시인 뉴욕은 별도의 경매법(Auction Law)을 마련해 예술품 경매 등을 규율하

고 있다. 별도의 경매법이 없는 우리나라는 경매 회사와의 거래에 약관에 의한 1차적인 규율이 이루어진다. 따라서 경매 회사의 약관이 공정한 것인지는 미술 시장의 건전한 발전을 위하여 대단히 중요한 문제이다.

확실하게 밝혀진 것 같지는 않지만 김환기 화백의 〈우주〉의 낙찰자로 지목된 송자호 큐레이터는 언론 인터뷰에서 '개인적으로는 낙찰에 실패했지만, 지인 여럿이 같이해서 그중에 누가 됐을 수도 있고 아닐 수도 있다'는 취지의 답변을 했다. 내부적인 사정을 잘 알 수는 없지만 일종의 공동구매 비슷한 것을 한 것일 수도 있다. 최근에는 미술품 투자가 큰손 자산가들의 전유물이라는 인식이 깨지며 소액 투자자들이 공동구매 형식으로 미술품 구매에 열을 올리고 있다고 한다. 2~3년 전부터 미술품 공동구매 회사들이 문을 열었고, 〈우주〉가 경매 최고가를 갱신한 이후에는 김환기의 다른 작품에 대한 공동구매가 서버가 다운될 정도로 성황이다. 이러한 신생 사업은 아직 관련 법이라든가 약관이 잘 정리되어 있다고 보기 어렵다. 1990년대 후반에 시작되어 이미 20여 년간 국내에 자리 잡은 미술품 경매 회사의 약관도 아직 대대적인 수선에 들어가지 않았다. 하물며 불과 2~3년 된 미술품 공동구매 회사의 경우도 크게 다르지 않으리라 짐작한다.

결국 미술품 경매든 공동구매든 구체적인 분쟁이 여러 건 동시다발적으로 나와야 비로소 공신력 있는 가이드라인이 제시되고 제도가 정비되지 않을까 전망해본다. 그 전에 미리 정비가 되면 가장 좋겠지만…. 예방적인 정비가 실제로는 잘 이루어지지 않는다는 것을 우리는 이미 잘 알고 있다.

김환기의 〈우주〉의 최고가 낙찰 뉴스로 시작해 크리스티, 소더비, 한국미술시장정보시스템(http://www.k-artmarket.kr), 상법 얘기까지 가더니 급기야 약관규제법 조문을 나열하고 미술품 공동구매 회사까지 언급했다. 산만하기 그지없다. 사실 전부터 미술품 거래와 불공정 약관 이야기를 쓰고 싶었는데 때마침 〈우주〉 경매 소식이 인기를 끌자 이때다 싶어 한 번 엮어봤다. 책상 앞에 앉으면 도대체 무슨 이야기를 써야 하나 머리를 쥐어짜는데, 막상 쓰다 보면 이렇게 길어진다. 길고 산만하지만 그래도 독자들이 미술품 경매에 대해서 조금이라도 더 흥미를 갖게 되었다면 그걸로 만족한다. 호기심이 생기는 분들은 한국미술시장정보시스템 홈페이지를 한 번 둘러보시길 권한다. 9개 경매 회사의 정보가 총망라되어 있어서 보기에 편하다. 둘러보다가 충동적으로 한 점 응찰할 뻔했다. 집에 걸어 놓을 벽이 없어서 다행이다.

세상 사람들이 다 아는 그림을 훔쳐서 뭘 어떻게 하려고

- 미술품 도난. 예술품을 훔치는 다양한 이유

독자들이 눈치챘을 수도 있다. 연달아 있는 요전 몇 개의 글은 특정한 예술 작품이 언론에 오르내리는 다양한 이유를 주제로 삼았다. 위작 시비나 경매 최고가 갱신 같은 이야기는 소식이 뜸하다 싶을 때쯤이면 어김없이 다시 뉴스에 등장한다. 그런데 조금만 관심을 기울이면 시도 때도 없이 국제 뉴스에서 찾아볼 수 있는 또 다른 주제가 있다. 바로 '예술품의 도난'이다. 이번엔 몇 개의 사건을 통해 예술품의 절도는 왜 이렇게 자주 일어나는 것인지 살펴보자.

절도는 일단 손으로 만져지는 물건, 즉 유형물을 전제로 한다. 따라서 음악, 연극, 무용 등과 같은 예술의 영역은 저작권법 위반 등의 쟁점을 생각해 볼 수 있을 뿐 절도의 문제는 생기지 않는다. 작품 그 자체에 대한 절도는 오직 미술품에만 발생한다. 왜 미술품을 훔칠까? 그 이유를 ①경제적 절도, ②정치적 절도, ③개인적 절도, ④도무지 알 수 없음, 이렇게 네 가지 정도로 나눠봤다. 차례로 살펴보자.

1. 경제적인 이유의 절도

전 세계적으로 연간 1만여 건 이상의 미술품 절도 범죄가 발생한다. 가장 평범한 이유는 바로 '돈'이다. 그런데 유명한 작가의 그림은 이 세상에 유일무이한 경우가 대부분이어서 단순히 남의 집에서 텔레비전이나 노트북을 훔쳐다가 파는 경우와는 전혀 다르다. 누가 언제 그린 그림이고, 누구누구의 손을 거쳐 현재 누가 가지고 있다가 도둑맞은 것인지 대개 구체적으로 알 수 있기 때문이다. 따라서 값나가는 유명한 그림이 도난당한 즉시 다시 시장에서 유통되는 일은 흔치 않다.

돈을 목적으로 훔친 것이라면 많은 경우 작품은 지하 세계를 전전하게 된다. 지하 경제에서 화폐의 대용물이나 담보물로 이용되고 국경을 넘나들며 이른바 '돈세탁'의 수단으로도 쓰인다. 미술품을 이용한 돈세탁은 어떻게 하는 것일까? 범죄자들은 작품을 훔쳐 다른 중개 매매상이나 경매 회사에 그 작품을 판매하여 불법적인 대가를 얻는다. 이러한 불법 이득을 숨기기 위해 그들은 그 돈으로 정상적으로 유통되는 다른 작품을 구매하고 되파는 과정을 여러 차례 반복함으로써 최종적으로 범죄와 무관한 듯한 자금을 만든다. 이렇게 지하 세계를 전전하던 미술품은 오랜 시간이 흐른 후 없어진 장소에서 멀리 떨어진 곳에서 다시 등장한다. 시간이 오래 흘렀기 때문에 대부분 이 작품이 도난품인 줄 모르고 구매한 선의취득자가 최종적으로 소유권을 얻게 될 가능성이 있고, 그들에 의해 작품은 합법적인 예술품 시장에 안착한다. 설혹 그 작품이 오래전 도둑맞은 것이라는 사실이 밝혀지더라도 시간이 흐름에 따라 절도범을 찾기는 어려워진다. 아예 공소시효가 지나버리기도 한다.

지하 시장에 유통시키는 것보다 더 노골적인 방식도 있다. 예술품 소유자나 도난 보험금을 지급해야 하는 보험 회사를 상대로 예술품을 돌려주는 대가로 돈을 요구하는 방법, 즉 '예술품 납치(art-napping)'이다. 절도범은 자신의 요구를 들어주지 않으면 홈친 작품을 불태워버리겠다고 협박을 한다. 이때 보험 회사에 대해서는 작품이 끝내 소실되었을 때 그들이 소유자에게 지급해야 하는 거액의 보험금보다는 적은 금액을 '몸값'으로 요구하므로 종종 이런 방식의 범죄가 성공한다.

2. 정치적인 이유의 절도

예술품 절도는 정치적인 목적으로 이루어지기도 한다. 1911년 프랑스 루브르 박물관에서 이루어진 레오나르도 다빈치

(Leonardo da Vinci, 1452~1519)의 〈모나리자〉 절도는 아마도 전 세계에서 가장 유명한 도난 사건일 것이다. 스페인의 화가 파블로 피카소(Pablo Picasso, 1881~1973)도 당시 용의자로 붙잡혀 조사를 받기도 했다고 한다. 〈모나리자〉는 2년 뒤 이탈리아의 피렌체에서 발견된다. 범인은 이탈리아 출신의 전직 루브르 박물관 직원인 빈센초 페루자인데(그가 작품 보호액자를 제작한 유리공이라는 얘기도 있다), 피렌체의 우피치 미술관에 작품을 팔려다가 체포되었다. 그는 나폴레옹이 이탈리아 예술품들 약탈해간 것을 복수하기 위해 이러한 범죄를 계획했으며 〈모나리자〉를 훔친 것은 조국인 이탈리아에 이를 다시 돌려놓고자 하는 애국심의 발로였다고 주장했다. 이 사건으로 빈센초 페루자는 조국인 이탈리아에서는 영웅이 되었다. 그때까지 다른 르네상스 걸작들에 비해 상대적으로 덜 유명했던 〈모나리자〉는 이 사건을 계기로 전 세계적으로 제일 유명한 그림 중 하나가 되었다.

더 파괴적인 행위도 있다. 2001년 3월 아프가니스탄에서는 탈레반의 최고지도자인 물라 오마르의 명령에 따라 세계 문화유산인 '바미안 불상'이 파괴되었다. 탈레반은 전 세계에 테러로 인한 공포와 경악을 확산 시켜 자신들의 정치적 영향력을 유지·확대할 목적으로 세계적인 문화유산을 절취해 인질로 삼는다. 그리곤 이를 보란 듯이 파괴해 세상을 경악에 빠뜨린다. 예술품, 특히 문화재는 온전히 보존되어야 한다는 보편적인 공감

대를 악용하는 수법이다.

　세상 사람들이 다 아는 그림을 훔친다면 바로 정치적인 목적에 의한 것일 공산이 높다. 그림이 유명할수록 선의취득 제도에서의 '취득자의 선의(도품인 줄 몰랐다는 것을 의미)' 요건을 갖출 가능성은 줄어드는 반면 그 그림을 인질로 삼은 정치적 주장의 파급력은 더욱 크기 때문이다. 앞서 1911년의 〈모나리자〉절도 사건은 아마도 당시에는 그림이 지금만큼 유명하지 않았기 때문에 절도범이 과감하게 피렌체의 미술관에 팔 생각을 할 수 있었을 것이다.

3. 조금 더 사적인 동기의 절도

　특정 작품을 너무 사랑한 나머지 직접 간직하며 혼자 보기 위해 절도를 하는 경우도 있다. 이런 '소장 목적 절취 행위'의 유명한 예로 클로드 모네(Claude Monet, 1840~1926)의 〈푸르빌 해변〉 사건을 들 수 있다. 폴란드 포즈난 국립미술관은 2000년 도난된 이후 10년 만인 2010년 1월 〈푸르빌 해변〉을 되찾았다. 범인은 범행 당시 액자에서 작품을 오려내고 복사본으로 바꿔 걸어 놓았다고 한다. 경찰은 범행 현장에 남겨진 지문 등을 분석해 용의자의 신원은 확인했지만 그의 행방은 찾지 못했다. 오랜 기간의 추적 끝에 붙잡힌 범인은 41세의 남성으로 모네의 작품을 경외하다가 그와 같은 범행을 저지르게 되었다고 자백했다.

훔친 작품을 팔아 경제적인 이득을 얻기 위한 것이 아닌 자신이 소장하고 감상하기 위한 절도의 경우 결코 유통 시장에 다시 나타나는 일이 없다. 그래서 영영 그 행방을 찾지 못하는 경우가 대부분이다.

4. 이유를 알 수 없는 절도 사건

1997년 2월 22일 이탈리아 북부 도시 피아첸차의 리치 오디 미술관 내 전시실에서 감쪽같이 사라졌던 구스타프 클림트(Gustav Klimt, 1862~1918)의 〈여인의 초상〉이 23년 만인 2019년 12월 발견되었다. 이 사건은 '등잔 밑이 어두웠던' 경우인데, 발견된 곳이 작품을 도난당한 바로 그 미술관 외벽 속의 작은 공간이었기 때문이다. 당시 정원사가 미술관 건물 벽을 덮은 담쟁이 덩굴을 제거하다가 네모난 모양의 작은 금속 문을 발견했고 그 안에서 검은 쓰레기봉투에 담긴 그림을 찾아냈다.

1997년 절도범들은 지붕의 채광창을 통해 갤러리에 진입하고 나중에 지붕을 통해 달아난 것으로 추정됐다. 그 이후로 23년이 다 되도록 절도범이나 없어진 이 그림에 관한 어떤 소식도 들려오지 않았다고 한다. 이 그림이 발견된 이후 경찰은 절도범들이 시간이 흘러 수사 당국이나 언론의 관심이 희미해지면 나중에 찾아가려고 바로 그 미술관에 숨겨놓았던 것 같다고 말했다. 반면 일부에서는 단지 자신들의 절도 실력을 과시하거나 장난으로 '등잔 밑'에 숨겨놓은 것이 아니겠냐고 말하기도 했다.

이 그림은 2020년 1월 최종적으로 진품으로 판명되었고 그로부터 얼마 후 두 명의 남자들이 자신들이 이 그림을 훔쳤다고 자백했다. 하지만 그들의 범죄에 대한 공소시효가 이미 지났기 때문에 앞으로 그 사건에 대한 조사가 자세히 이루어지지는 않으리라 예상된다. 지금까지도 절도의 동기가 무엇이었는지는 확실하게 밝혀지지 않고 있다.

절도죄 3총사 - 절도, 야간주거침입절도, 특수절도

미술품을 훔치는 이유는 이렇게 다양하지만 처벌은 일률적으로 '절도죄의 카테고리'가 적용된다. 내가 절도죄의 카테고리라 맘대로 이름 붙인 것은 절도 행위의 구체적인 모습에 따라 형량에 차이가 있는 3가지 종류의 절도죄이다.

형법 제329조(절도) 타인의 재물을 절취한 자는 6년 이하의 징역 또는 1천만 원 이하의 벌금에 처한다.

제330조(야간주거침입절도) 야간에 사람의 주거, 간수하는 저택, 건조물이나 선박 또는 점유하는 방실에 침입하여 타인의 재물을

절취한 자는 10년 이하의 징역에 처한다.

제331조(특수절도) ①야간에 문호 또는 장벽 기타 건조물의 일부를 손괴하고 전조의 장소에 침입하여 타인의 재물을 절취한 자는 1년 이상 10년 이하의 징역에 처한다.

②흉기를 휴대하거나 2인 이상이 합동하여 타인의 재물을 절취한 자도 전 항의 형과 같다.

절도 행위 그 자체에 대한 처벌은 위 3가지의 조문에 의하며, 증거에 의한 사실인정의 문제가 남을 뿐 특별한 법이론적인 논란은 자주 발생하지 않는 편이다. 형법에서 논란의 대상은 주로 형법 제362조의 장물취득죄에 해당하는지 여부이다. 절도범의 처벌보다는 문제의 미술 작품을 무사히 회수할 수 있는지가 더 큰 관심거리이기 때문이다. 작품의 회수와 관련이 큰 민법상 쟁점은 원소유자와 새로운 소유자 중 누구를 우선적으로 보호할 것인지의 문제, 즉 선의취득 여부이다. 이때 미술품을 절도범으로부터 전전 양도받아 취득한 자가 그것이 도품이라는 사실을 알았는지 몰랐는지는 장물죄의 성립 여부뿐만 아니라 민법적인 소유권 귀속 문제에도 결정적인 역할을 하므로 매우 중요하다.

지금까지 절도의 다양한 동기를 살펴보았다. 중간중간 잘 모르는 법률 개념이 나와 당황스럽다. 돈세탁 과정에서도 작품의 회수 문제에서도 큰 쟁점이 되는 선의취득은 대체 뭘까? 선의취득은 도난당한 작품을 취득하게 된 선의의 매수인과 원래 소유자와의 관계를 규율하는 제도다. 궁금한 독자는 쉬지 말고 바로 다음 글로….

제가 산 그림이 예전에 도둑맞은 것이라는데….
그럼 어떡하죠

– 미술품 절도와 선의취득 문제

사람 사이의 접촉을 최소화한다는 소위 '언택트'가 시대의 흐름으로 자리 잡으면서 대중 예술 분야는 새로운 국면을 맞이했다. 관람객들이 옹기종기 모여 앉을 수밖에 없는 공연 산업은 비상이다. 전 세계적으로 헤아릴 수 없을 만큼 수많은 공연이 취소되고 재개되기를 반복했다. 혼란은 공연뿐만이 아니었다. 사람이 모이는 곳이라면 어디든지, 가령 전시회도 타격을 피할 수 없었다. 실제로 2020년에는 세계 최대의 아트페어라는 '아트 바젤(Art Basel)' 홍콩과 '프리즈(Frieze)' 뉴욕을 비롯한 몇몇 대형 예술품 전시·판매 행사가 취소되었다.

이렇게 코로나19 바이러스의 창궐로 문화예술계가 전반적으로 침체되었다. 많은 예술가가 생존을 걱정할 정도다. 이런 와중에도 별다른 영향을 받지 않는 예술 분야도 있을까? 최근 주목받는 온라인 미술품 경매는 어떨까? 비대면으로 이루어지는 거래이기 때문에 비교적 타격이 크진 않을 거라 짐작해본다.

그러나 굳이 바이러스까지 생각하지 않더라도 미술품 거래는 여전히 막연히 두렵고 불안하다. 특히 법적인 문제가 겁난다. 만약 내가 큰맘 먹고 산 그림이 진품이 아니면 어떡하지? 예전에 도둑맞은 것이라면 어떡할까? 이런 일은 종종 일어난다.

위작을 산 경우는 대다수의 미술품 경매 회사가 책임을 진다는 약관을 두고 있고, 형사상 사기죄로 고소를 해 조사할 수도 있는 비교적 단순한 문제다(법리적으로 단순할 뿐 실제로 변상에 이르는 길은 멀지만 말이다). 하지만 도품을 취득한 경우의 문제는 법리적으로도 간단치 않다. 이때는 '선의취득'이라는 법리로 최종 소유자를 가린다. 모르는 사이에 도둑맞은 물건을 구입하는 건 비단 미술품뿐만의 일이 아니다. 모든 종류의 중고 거래는 필연적으로 민법상 선의취득의 문제에서 자유로울 수 없다.

'선의취득'이 뭘까?

민법상 선의취득은 어떤 물건을 팔려는 사람(매도인)이 그 물건을 가지고만 있었을 뿐 정당한 소유자가 아니라 해도 물건을 산 사람(매수인)이 아무 잘못이 없다면 그(매수인)가 일단 적법한 소유자가 된다는 법리이다. 법률 조문을 살펴보자. 여기서 '선의'라는 용어는 '몰랐다'는 뜻이다. 참고로 우리 법에서 '악의'라는 용어는 '나쁜 뜻'을 의미하지 않는다. '알고 있음'을 뜻한다.

민법 제249조(선의취득) 평온, 공연하게 동산을 양수한 자가 선의이며 과실없이 그 동산을 점유한 경우에는 양도인이 정당한 소유자가 아닌 때에도 즉시 그 동산의 소유권을 취득한다.

제250조(도품, 유실물에 대한 특례) 전조의 경우에 그 동산이 도품이나 유실물인 때에는 피해자 또는 유실자는 도난 또는 유실한 날로부터 2년 내에 그 물건의 반환을 청구할 수 있다. 그러나 도품이나 유실물이 금전인 때에는 그러하지 아니하다.

제251조(도품, 유실물에 대한 특례) 양수인이 도품 또는 유실물을 경매나 공개시장에서 또는 동종류의 물건을 판매하는 상인에게서 선의로 매수한 때에는 피해자 또는 유실자는 양수인이 지급한 대가를 변상하고 그 물건의 반환을 청구할 수 있다.

간단한 사례를 하나 만들어 살펴보자. 굳이 미술품이 아니더라도 중고 거래 사이트에서 물건을 사고파는 경우를 상상해보아도 좋겠다.

[사례] A가 B로부터 조각상을 구입했다. 그런데 사실 그 조각상은 B가 C로부터 훔친 것이었다. A는 충분히 주의를 기울였으나 그 사실을 전혀 알 수 없었고 B와의 거래도 아무런 잡음 없이 진행되었다.

선의이고 과실이 없는 A는 일단 민법 제249조에 의해 조각상의 소유권을 취득한다. 그럼 억울한 C는 어떻게 되는 것일까? A가 조각상을 산 게 C가 도둑맞은 때로부터 2년이 지난 시점이라면 C는 이제 영영 그 조각상을 되찾을 수 없다. 조각상의 객관적 가치 상당액을 B에게 민법 제750조 불법행위로 인한 손해배상을 근거로 하여 청구할 수 있을 뿐이다. 이때 B가 빈털터리라면? 그 위험은 C가 부담한다. 억울하게 도둑맞은 C가 전부 뒤집어쓰는 것이다.

그러나 C가 조각상을 도둑맞은 것이 2년이 지나지 않았다면 결론은 달라진다. C는 민법 제250조를 근거로 하여 A에게 조각상의 반환을 요구할 수 있다. A는 C에게 조각상을 돌려줘야 한다. 그럼 난데없이 조각상을 빼앗겨 억울한 A는 어떻게 되나? A는 조각상을 처분할 권리가 없으면서도 조각상을 판매한 B에게 책임을 물어야 한다. 즉 B는 A에 대하여 민법 제390조 채무불이행책임 또는 제750조의 불법행위로 인한 손해배상책임을 진다. 그 책임액은 A가 B에게 지급하였던 조각상 대금이 될 것이다. 만일 이 경우 B가 돈 한 푼 없는 빈털터리라면? 이때 최종적인 손해는 A가 입는다. 이렇게 전문 상인이 아닌 일반인들 사이의 거래에서는 물건을 도둑맞거나 잃어버린 지 '2년'이 지났는지가 중요하다.

만일 B가 조각상을 전문적으로 취급하는 상인이거나 A가 경매를 통해서 그 조각품을 낙찰받은 것이라면? 이때는 얘기가 또 달라진다. 민법 제251조가 적용되어 C는 A가 쓴 돈만큼을 A에게 변상하고 조각품을 되찾아 올 수 있다. 앞서 B가 상인이 아니었던 경우와의 차이는 B가 빠지고 C와 A 사이에 직접 돈과 물건이 오간다는 점이다. A에게 변상하느라 억울하게 C가 쓰게 된 돈은 구체적인 사실관계에 따라 회복할 수도 있고 회복하지 못할 수도 있다. 전문 상인인 B가 절도범이라면 손해배상을 청구할 수 있을 것이고, C가 실수로 잃어버려 경매장이나 공개 시장으로 흘러 들어간 것이라면 아마 어쩔 수 없을 것이다.

복잡하다. 그러나 핵심적인 세 가지만 기억하면 된다. ① 매수인의 선의·무과실 여부, ②도난 또는 유실일로부터 2년이 지났는지, ③일반인 사이의 거래인지 아니면 경매나 공개 시장에서의 거래인지.

앞선 사례의 결론이 복잡해 보이긴 해도 우리 민법만 적용한다면 그나마 간단한 편에 속한다. 미술품이 국제적으로 거래되고 설상가상으로 전쟁 기간의 약탈 행위가 사이에 끼어있다면 분쟁의 결과를 예측하기조차 어려워지기도 한다.

게다가 선의취득 제도는 나라마다 제각각이다. 우리나라는 앞서 설명한 것처럼 원칙적으로 도품에 대한 선의취득을 인정한다. 하지만 일본과 미국은 도품에 대해서 선의취득을 인정하지 않는다고 한다, 그렇다면 그러한 법제하에서는 전쟁 중 훔치거나 약탈당한 미술품을 모르고 양도받은 선의·무과실의 매수인은 어떻게 자신의 소유권을 주장해야 할까? 문제 되는 미술품은 도둑맞은 물건이 아니라 '포기한 물건'이며, 약탈 행위는 '국가적인 행위'였으므로 합법적이라는 이론을 만들어 볼 여지가 있다.

샤갈의 <야곱의 사다리>는 누구의 것인가

'멘첼 대 리스트(Menzel v. List) 사건'으로 잘 알려진 샤갈(Mark Chagall, 1887~1985)의 작품 <야곱의 사다리(l'échelle de jacob)>를 둘러싼 공방이 바로 그러한 사례이다. <야곱의 사다리>의 원소유자는 멘첼(Erna Menzel)이다. 그녀는 남편과 함께 벨기에의 한 경매장에서 그림을 구입했다. 1941년 독일군이 벨기에를 침략했고, 멘첼 부부는 그림을 집에 둔 채 미국으로 도피할 수밖에 없었다. 전리품을 수집하던 나치의 특수 부대가 이 그림을 몰수했다. 이후의 행방은 알 수 없다가 파리의 현대미술 갤러리와 뉴욕의 펄스 갤러리를 거쳐 최종적으로 1955년 앨버트 리스트(Albert A. List)가 이 그림을 구입한 것으로 확인되었다.

원고 멘첼은 피고 리스트를 상대로 반환청구소송을 제기했다. 이에 리스트는 선의취득을 주장하며 <야곱의 사다리>는 멘첼이 피난을 가며 '포기한 것'이므로 이에 대한 선의취득이 가능하다고 대항했다. 그리고 점령군인 나치는 노획물로서 합법적으로 그림을 획득한 것이고 당시의 독일 당국의 법집행에 의해 합법적으로 징발된 것이므로 '도품'으로 보기 어렵다는 이론, 즉 '국가행위원칙'을 주장했다.

결과는 어떻게 되었을까? 미국의 법원은 원소유자인 멘첼의 손을 들어주었다. 법원은 "원고는 그림을 버린 적이 없으며 피난 동안 나치가 약탈한 것이며, 따라서 한 번도 소유권이 정당하게 이전되지 않았다. (중략) 그 그림을 처음 취득한 나치는 도둑이며, 도둑은 진정한 소유자의 이익에 반하는 어떤 권리도 양도할 수 없다"라고 판단하여 피고의 주장을 모두 받아들이지 않았다. 피고 리스트에게 그림을 판매한 펄스 갤러리에 대해서도 매매 당시 작품의 출처를 충분히 조사하지 않은 사실 등을 이유로 소유권을 정당하게 취득한 것이 아니라고 판단했다.

결국 그림은 원소유자인 멘첼에게 반환되었고, 펄스 갤러리와 리스트 사이의 소송비용과 변상 책임의 문제가 남아 둘 사이의 공방이 계속되었다. 최종적으로는 펄스 갤러리가 리스트에게 손해배상을 하되 그 배상액에 리스트가 펄스 갤러리에 지급한 그림 값은 포함하지 않도록 했다. 갤러리 측에서 모든 책임을 다 지는 것으로 끝나지는 않은 셈이다.

선의취득은 장물, 유실물 등의 처리에 대한 민사법적 해결 방법이다. 무권리자가 얽혀 생긴 분쟁에 대해서 결국 누가 어떤 식으로 손해를 감수해야만 하는지를 정해놓은 규칙이라고 생각하면 되겠다. 무권리자, 가령 미술품 도둑에게 법에 의해 강제집행이 가능한 재산이 있는 게 아니라면 이러나저러나 억울한 사람이 나올 수밖에 없다.

그런데 그런 문제는 비단 선의취득 제도만 갖고 있는 것은 아니다. 억울한 일이 생겼을 때 소송을 통해 손해배상의 승소 판결을 받는다 해도 상대방(피고)이 재산이 없으면 그 판결의 집행은 불가능하다. 돈 없음, 즉 무자력(無資力)만 문제인 것도 아니다. 법인과 거래를 하다가 손해를 입었을 때 그 법인이 폐업을 하는 식으로 사라지게 된다면, 대표자 개인이 곧 그 법인이라고 볼 수 있는 예외적인 몇몇 경우를 제외하고는 사실상 손해를 회복할 방법은 없다고 보면 된다.

결국엔 예방적으로 조심하는 수밖에 없다. 거래 품목과 매도인에 대해서 최대한 알아보고 거래에 신중을 기하는 것이다. 일이 터지기 전에 미리 조심하라니. 지나치게 원론적이라는 점에서 이번 코로나19 사태랑 너무 비슷한 결론인데? 허무한 결론이다. 그렇긴 해도 그것만 한 정답이 없다. 우리의 예측 범위를 벗어날 것만 같은 너무나도 자잘한 사실관계들이 모여 하나의 사건을 만든다. 법률행위도 개인위생도 스스로 미리 조심하는 수밖에…. 그리고 그 와중에 여유가 생기면 나의 일천한 지식이 집대성된(!) 이 책을 재미로 한 번 스윽 읽어주면 된다.

― Menzel v. List 사건의 내용은 김영철 저 『법, 미술을 품다』(2019)와 캐슬린 김 저 『예술법』(2013)을 참고했음

나의 내밀한 삶을 책으로 내고 돈도 버는 당신, 난 어떡하나

- 이른바 사(私)소설로 말미암은 민·형사상 문제들

흔히들 '창작의 고통'이란 말을 쓴다. 뜻대로 만들어지지 않아 머리를 쥐어뜯는 이미지가 스친다. 창작에 있어 가장 괴로울 때는 언제일까? 나의 글도 창작으로 쳐 준다면 글감을 찾는 일이 제일 힘들다고 생각한다. 지금도 손은 자판을 두드리지만 머릿속에선 다음엔 또 뭘 쓰나 걱정 중이다. 비단 정기적으로 연재하는 글뿐만이 아닐 거다. 소설, 방송 대본은 물론이고 시청각 예술인 영화나 연극도 그 시작은 시나리오나 희곡 같은 '글'로 시작한다. 만화, 노래 가사도 마찬가지다. 사정이 이러하니 좋은 창작은 말 그대로 글감 찾기의 전쟁이다.

그래서인지 몰라도 창작자들은 종종 자기 주변에서 소재를 구하곤 한다. 가장 자신 있게 묘사할 수 있는 상황은 내가 직접 겪거나 지켜본 모습이고, 가장 섬세하게 표현할 수 있는 감정은 바로 내 마음 아닐까? 게다가 나만 알고 있는 나와 내 주변의 이야기는 독특하면서도 평범한 이가 겪은 일이라는 점에서 대중의 공감도 얻을 수 있다. 금상첨화다. 작가들에게 나와 내 주변의 일은 이렇게 글감이 되어 많은 이의 입에 오르내리게 된다. 소설에 국한해 살펴본다면 이런 작품은 '사(私)소설', '자전 소설', '오토 픽션(auto-fiction)'이라는 이름으로 불린다.

　　동아시아에서 제일 먼저 근대화를 이룬 일본 문학계에서는 일찌감치 20세기의 시작과 함께 이런 종류의 글이 등장했고 1920년경 사소설이라는 개념으로 정리되었다고 한다. 나쓰메 소세키(夏目漱石, 1867~1916)의 『도련님』, 다자이 오사무(太宰治, 1909~1948)의 『인간 실격』 등이 대표적이다. 일본의 사소설은 인기와 비난을 동시에 받았다. 갈등 구조나 해결 방식 등에서 전형적인 소설의 양식을 구현해 내지 못하고, 사회에서 도피해 사적 공간에만 머무르는 풍조는 자기 연민에 빠진 인간만을 양산한다는 비판이다.

　　이런 비난이 있긴 해도 작가 자신과 그 주변의 이야기를 다루는 소설의 인기는 전 세계적이다. 매스 미디어와 출판 산업의 발달로 스타 작가가 탄생하면서 그의 일거수일투족이 관심의 대상이 되곤 했다. 그러다 보니 부작용도 생겼다. 『인 콜드 블러드』로 국내에서 유명한 미국의 작가 트루먼 커포티(Truman Capote, 1924~1984)는 그가 속한 미국 상류 사회를 무대로 한 논 픽션 소설 『응답받은 기도』를 기획했다. 그러나 자신들의 비밀이 드러나는 것에 분노한 부자 친구들의 반대로 출판이 좌절되었고 그가 사망하고 나서야 비로소 빛을 볼 수 있었다.

이렇게 단순히 작가의 주변 사람들이 반대하는 정도에서 끝나면 그나마 다행이다. 자전 소설에 등장하는 인물들과 송사에 휘말리는 경우도 종종 있다. 세계적인 작가의 반열에 오른 노르웨이의 작가 칼 오베 크나우스고르(Karl Ove Knausgård, 1968~)는 그의 대표작인 자전적 소설 『나의 투쟁』 때문에 가족들과 연을 끊고 소송에도 휘말렸다. 가족들의 사생활을 낱낱이 공개했을 뿐 아니라 돌아가신 아버지를 알코올 의존증 환자로 묘사해 삼촌이 소송을 제기했다고 한다.

우리나라에서는 2007년 작가 공지영의 여덟 번째 장편소설 『즐거운 나의 집』이 배포금지 가처분 신청 사건에 휘말렸던 적이 있다. 작가는 이 소설이 자신의 이야기임을 명시적으로 밝혔는데 공 작가의 전 남편인 이 씨가 사생활 침해를 이유로 문제를 제기한 것이다. 이 가처분 신청은 기각되어 소설은 정상적으로 출간됐다.

범죄는 아닐 수 있어도 피해는 책임져야

이렇게 자신과 주변의 이야기를 책으로 내면 법률적으로는 어떤 문제가 생길 수 있을까? 제일 먼저 떠오르는 것은 명예훼손죄다. 우리 형법상 명예훼손은 ①사실적시 명예훼손(형법 제307조 제1항), ②허위사실적시 명예훼손(형법 제307조 제2항), ③사자(死者) 명예훼손(형법 제308조), ④출판물 등 명예훼손(형법 제309조)으로 그 요건을 조금씩 달리하고 있다. 온라인상에서의 명예훼손은 「정보통신망 이용촉진 및 정보보호 등에 관한 법률」 제70조로 규율한다. 신문에 연재되거나 단행본으로 출판된 오토 픽션에 등장하는 실존 인물이 명예훼손을 주장할 경우 위 ④번의 출판물 등에 의한 명예훼손이 문제 된다.

그런데 문제는 출판물 등에 의한 명예훼손죄의 경우에는 일반 명예훼손죄와는 달리 '비방의 목적'이 있어야만 유죄가 된다는 데 있다. 비방의 목적은 그 사람의 인격적 평가를 저하시키겠다는 의도를 말한다. 쉬운 말, 그리고 속된 말로 '꼴사납게 만들어 엿 먹이는 것'이라고 생각하면 되려나? 좌우간에 이런 가중된 요건 때문에 누군가를 비방할 생각은 없이 그냥 잘 팔리는 멋진 소설을 써내고 싶었던 작가라면 출판물에 의한 명예훼손죄는 성립하지 않을 가능성이 상당하다. 물론 소설 전체의 맥락을 고려할 문제다. 당연한 얘기지만 작가가 등장인물을 비방할 의도가 없었다고 주장한다고 그걸 그대로 믿어야 하는 것도 아니다.

형법 제309조(출판물 등에 의한 명예훼손) ①사람을 비방할 목적
으로 신문, 잡지 또는 라디오 기타 출판물에 의하여 제307조 제1항의 죄(사실적시 명예훼손죄)를 범한 자는 3년 이하의 징역이나 금고 또는 700만 원 이하의 벌금에 처한다.

②제1항의 방법으로 제307조 제2항의 죄(허위사실적시 명예훼손죄)를 범한 자는 7년 이하의 징역, 10년 이하의 자격정지 또는 1천 500만 원 이하의 벌금에 처한다.

공개를 원치 않는 나의 이야기를 공개했으니 '사생활침해죄'를 주장할 수는 없을까? 그러나 우리 형법에 사생활침해죄라는 죄는 없다. 형법 제316조가 비밀침해죄를 규정하고 있지만 이 죄는 봉함해 놓은 남의 편지를 열거나 비밀 장치한 전자기록의 내용을 알아낸 자를 처벌하는 규정일 뿐이다. 결국 우리 형법에는 명예훼손죄에 해당하는 경우를 제외하고는 남의 사생활을 폭로한 자에 대한 별도의 처벌 규정이 없는 셈이다.

그래서 오토 픽션 등에 의해 원치 않게 사생활을 공개당한 사람은 주로 민사소송을 통해 손해를 회복하고자 한다. 우리 민법은 제751조에서 돈이나 물건 같은 재산 이외에 손해를 입은 사람을 구제할 수 있는 조항을 두고 있다. 전혀 예상치 못하게 강제로 사생활이 공개된 사람이나 허락한 범위를 벗어난 지나친 공개로 고통받는 사람은 이 조항에 근거해 민사상 손해배상을 청구할 수 있다.

민법 제751조(재산 이외의 손해의 배상) ① 타인의 신체, 자유 또는 명예를 해하거나 기타 정신상 고통을 가한 자는 재산 이외의 손해에 대하여도 배상할 책임이 있다(제2항 생략).

많은 이가 의아해하는 부분이다. 분명히 잘못해서 민사상 돈도 물어줘야 하고 반성도 해야 하는데 형사상으로는 아예 해당하는 법이 없거나 있더라도 무죄라니? 이해하기 어렵다면 간통죄를 생각해 보자. 1953년 제정된 간통죄가 2015년 폐지됐다. 이제 바람난 배우자와 상간자는 전과자로 만들지 못하지만 그래도 민사소송으로 손해배상을 청구할 수 있지 않은가. 어떤 사람에게 배상금을 받아내면서 동시에 전과자로도 만들 것인지 아닌지는 형사 정책의 문제일 뿐이다. 국민적 합의, 즉 법의 제·개정과 폐지로 범죄자로 만들 수도 있고 아닐 수도 있는 거다. 즉 우리는 사생활의 공개로 인한 정신적 가해는 명예훼손죄에 해당하는 부분을 제외하고는 전과자가 되지 않고 민사상 금전으로 배상할 수 있게 국민적 합의를 한 셈이다.

자, 다시 오토 픽션과 사생활 폭로의 문제로 돌아오자. 앞서 살핀 대로 피해자 입장에서는 가해자를 처벌하지 못하고 손해배상만을 받아야 하니 억울할 수도 있겠다. 이제는 작가의 입장에서도 생각해 보자. 자서전에서 부모나 형제를 모델로 하지 않는 이상 작가는 주변 인물을 이니셜로 지칭하거나 가명을 사용하곤 한다. 대부분의 독자는 K든 J든 철수든 영희든, 작중 인물의 실제 모델이 누구인지 딱 집어서 알아내기는 어려울 것 같다. 그런데 '그게 바로 나'라고 주장하며 손해배상을 제기해 오니 난처할 수도 있을 것 같다. 가명을 쓰거나 이니셜을 쓰면 괜찮을까?

괜찮지 않다. 우리 대법원은 신문 기사로 인한 명예훼손에 따른 불법행위책임을 인정한 사건에서 "명예훼손에 의한 불법행위가 성립하려면 피해자가 특정되어야 하는데, 반드시 사람의 성명이나 단체의 명칭을 명시하는 정도로 특정되어야 하는 것은 아니다. 사람의 성명을 명시하지 않거나 머리글자나 이니셜만 사용한 경우라도, 표현 내용을 주위 사정과 종합하여 볼 때 피해자를 아는 사람이나 주변 사람이 그 표시가 피해자를 지목하는 것을 알아차릴 수 있을 정도라면 피해자가 특정되었다고 할 수 있다"(대법원 2018. 4. 12. 선고 2015다45857 판결)라고 판단했다. 다시 말해 이니셜이나 가명을 써도 글의 전체적인 내용을 통해 피해자 주변인 몇몇이 알아챌 수 있을 정도면 불법행위가 성립한다는 얘기다.

이런 법리를 전제로 2020년 7월 문학계에 파문을 일으킨 김봉곤 작가의 사건에 대해 생각해 보자. 소설가 김봉곤 씨의 소설집 『시절과 기분』에 수록된 단편 「그런 생활」의 등장인물인 'C 누나'가 자기 자신이라 주장하는 인물이 등장했다. 그는 자신이 예상한 범위를 훨씬 벗어나 자신과 작가와의 내밀한 대화 내용이 모두 공개되어 정신적인 피해를 입었다고 호소했다. 이어 김 작가의 다른 소설 『여름, 스피드』에 등장하는 '영우'가 자신이며 이 소설을 통해 강제로 아웃팅(본인은 원치 않는데도 동성애자라는 사실이 다른 이에 의해 강제로 밝혀지는 일)을 당했다고 주장하는 인물도 나타났다. 결국 위 두 소설집의 출판사들은 이 도서의 판매를 중지하고 이미 판매한 서적의 환불을 결정했다. 그리고 작가는 출판사 문학동네가 수여하는 제11회 젊은작가상을 반납했다.

자전적 소설에 대한 창작 윤리 문제는 오랜 세월 제기되어 왔지만 이렇게 판매 중지와 회수라는 큰 파장을 일으킨 적은 처음이다. 적어도 이 사건에서는 표현의 자유와 인격권의 충돌 문제에서 무게추가 인격권의 보호 쪽으로 기운 모양이다. 나아가 거대 출판사가 독자들의 항의에 미온적으로 대응하면서 문제를 키웠다는 지적도 있다. 그렇지만 표현의 자유에 무게를 더 실어야 한다는 반론도 만만치 않다. 작가 윤리를 지켜야 하는 것은 맞지만 절판이라는 조치까지 이루어진 건 향후 한국 소설에서 작가의 자기 검열을 강요하는 것과 다름없다는 의견이다. 가뜩이나 독자가 적은 한국 문학을 걱정하며 이 사태의 확산을 우려하는 현실적인 의견도 있다.

과거 일본의 사소설에 대한 비판은 주로 그것이 과연 좋은 소설로서의 자격을 갖춘 것이냐는 내재적인 가치에 관한 것이었다. 2020년 한국에서 벌어지는 오토 픽션에 대한 논란은 창작 윤리에 대한 문제이다. 창작과 표현의 자유와 민·형사상 책임의 아슬아슬한 줄타기. 앞으로 작가와 그 주변의 이야기를 다룬 작품을 만날 때마다 한 번씩 생각해 볼 주제다.

CHAPTER 3

미술관에서 실수로 작품을 깨뜨렸어요!

스토리 작가 따로, 그림 작가 따로.
만화는 과연 누구의 것일까

- 예술의 공동 작업. 백지장을 맞드는 것 이상의 의미

예술 작품은 누가 만드는가? 물론 예술가다. 이젤 앞에 앉아 고독하게 고민에 빠진 사람. 우리가 흔히 떠올리는 예술가의 모습이다. 이젤이든 악보든 그냥 원고지든 그 앞에 무엇이 있는지는 중요치 않다. 고독하게 혼자 무언가에 몰두한 모습이 핵심이다.

이런 이미지는 주로 19세기 인상주의 화가가 만들어냈다. 빈센트 반 고흐(Vincent Willem van Gogh, 1853~1890)가 대표하는 고독한 예술가의 모습은 지금까지도 전형적인 작가의 이미지로 남아있다. 우리 상상 속의 평범한 예술가는 작품의 구상부터 완성까지 직접 혼자만의 힘으로 내면세계를 구현해낸다.

21세기의 예술은 실제로 어떨까? 미술 분야에 국한해 살펴보자. 지금까지도 혼자만의 친작(親作)을 고수하는 작가들도 있지만 현대미술 산업 분야에서는 순수미술부터 응용미술까지 넓은 영역에 걸쳐 공동 작업이 보편적이다. 여기서 공동 작업은

넓은 의미다. 대등한 관계인 협업부터 단순한 작업 보조까지, 나 이외에 다른 누군가의 노력이 조금이라도 들어갈 때를 모두 일컬어 공동 작업이라 표현했다. 오늘날엔 더 이상 고독한 19세기 화가를 전형적인 예술가라고 여길 수 없다.

우리가 일상적으로 만나는 공동 작업의 재밌는 예로 '만화'를 들 수 있다. 만화는 그림을 그리는 작가, 즉 '작화가'가 줄거리와 대사를 모두 구상하고 그림까지 그리기도 하지만 '스토리 작가'가 따로 있는 경우도 많다. 이런 경우 작화가와 스토리 작가 사이의 대가 관계는 서로 약속을 정하기 나름이다. 예전에는 저작권에 대한 의식도 철저하지 못했고 만화 시장도 '만화방'과 같은 곳에 머무는 수준이라 두루뭉술한 내부 계약만으로도 크게 문제 될 일이 많지 않았다.

문제는 2000년대 초반 본격적으로 기존의 종이 만화를 디지털화해 유통을 획기적으로 확대하며 생겨났다. 작화가가 스토리 작가의 허락을 받지 않고 종이 만화를 디지털화시켜 인터넷 플랫폼에 게시하거나 디지털 환경에 맞게 편집하는 과정에서 원제목을 바꾸기도 한 것이다. 스토리 작가는 이의를 제기했다. 그렇지만 만화는 작화가의 것이라는 의식이 공고한 만화계에서 이 목소리는 큰 힘을 얻지 못했다. 캐릭터 제품이 불티나게 팔려나가며 만화의 소유권에 대한 공방은 더욱 치열해졌다. 분쟁은 결국 법원으로 갔다.

만화는 누구의 것인가

만화의 저작권은 누가 갖고 있을까? 작화가와 스토리 작가는 서로 다른 주장을 한다. 작화가는 '스토리 작가는 작화가의 지휘·감독에 따라 만화의 줄거리를 만든 업무보조자에 불과하므로 스토리에 저작권이 따로 생길 여지는 없다. 만약 스토리에 저작권이 있다고 인정하더라도 소위 '매절 계약'을 통해 작화가가 그 저작권을 완전히 양도받았다'라고 주장한다.

이에 대해 스토리 작가는 '만화는 그림과 스토리가 한데 섞인 공동저작물이므로 스토리 작가는 만화의 공동저작권자로서 권리가 있다. 스토리를 제공하고 대가를 한 번에 받았다고 하더라도 만화에 대한 저작권을 포기한 것은 아니다'라고 주장한다.

결론이 뭘까? 여러 건의 분쟁이 있었는데 대다수는 판결 선고를 기다리지 않고 스토리 작가의 권리를 일정 부분 인정해주기로 하는 원·피고의 화해로 끝났다. 합의의 내용은 '과거의 손해는 없던 일로 하는 대신, 앞으로 발생할 수익의 20~30%를 스토리 작가가 가져가기로 한다'라는 식으로 다양했다. 화해가 이루어지지 않은 사건도 있다. 그런 사건에서 법원은 다음과 같이 판결했다.

"만화 스토리 작가가 스토리를 창작하여 시나리오 또는 콘티 형식으로 만화가에게 제공하고 만화가는 이에 기초하여 다양한 모양과 형식으로 장면을 구분하여 배치하는 등 그림 작업을 하여 만화를 완성한 경우, 그 만화는 만화 스토리 작가와 만화가가 이를 만들기 위해 공동 창작의 의사를 가지고 각각 맡은 부분의 창작을 함으로써 주제, 스토리와 그 연출방법, 그림 등의 유기적인 결합으로 완성되어 각 기여부분을 분리하여 이용할 수 없는 공동저작물이다."

(서울북부지방법원 2008. 12. 30. 선고 2007가합5940 판결)

법원은 스토리 작가의 손을 들어줬다. 나아가 "(스토리 작가가) 만화에 대한 저작권을 양도, 포기하였다거나 향후 재출판 또는 인터넷을 통한 온라인 서비스 제공 등 다른 매체를 통한 배포, 전송 등에 대해서도 이용허락을 한 것으로 볼 수는 없다"라고 판단하여, 스토리 저작권을 매절 계약으로 완전히 양도받았다는 작화가의 주장 역시 받아들이지 않았다.

스토리 작가와 작화가가 처음부터 함께 만화 작품의 탄생을 목표로 하여 스토리와 장면의 설정, 배치 등이 긴밀하게 연결된 창작물이 나왔다면 이는 두 사람이 공동저작권자가 된다는 의미다. 따라서 공동저작권자 모두의 동의 없이 제목을 변경할 수 없고 다른 매체에 배포·전송할 수도 없다.

물론 만화가 공동저작물이 되는지는 개별 계약에 따라 달라진다. 즉 획일적으로 '만화=공동저작물' 도식이 성립하지는 않는다. 만일 스토리 작가가 작화가와 기획의도·전개방향 등에 대한 구체적인 협의 없이 독자적인 시나리오나 소설을 만들어 이를 작화가에게 돈을 받고 건네준다면 이때 만화는 '공동저작물'이 아니다. 이런 경우에는 스토리는 원저작물, 만화는 2차적 저작물로 볼 여지만 있다. 애매하다. 그러니까 분쟁이 생긴다. 애매하지 않으면 법원까지 올 일도 없다.

판례는 일정한 요건을 갖춘 경우 만화를 공동저작물로 보았지만, 현재까지도 만화계에서는 '손'에 해당하는 작화가가 스포트라이트를 독차지하고 '머리' 역할의 스토리 작가는 그다지 드러나지 않은 채 음지에 머물러 있다. 눈에 보이지 않는 스토리 그리고 눈에 보이는 그림. 팬들도 스토리 작가의 존재를 아예 모르거나 존재는 안다 하더라도 그 이름까지는 모르는 경우가 다반사다.

현대미술에서는 '개념'이 전부

그런데 응용미술 영역을 떠나 순수미술 쪽으로 들어서면 양상이 달라진다. 작품의 컨셉과 서사를 결정하는 '머리'와 실제로 이를 눈에 보이게 구현하는 '손'. 현대미술계에서는 이렇게 탄생한 작품은 오직 컨셉을 제공한 예술가의 것이라는 게 중론이다. 대표적인 개념미술가 솔 르윗(Sol Lewitt, 1928~2007)은 작품 〈월 드로잉〉을 제작할 때 작업의 공식만 제공하고 공식에 따라 벽에 그림을 그리는 작업은 다른 화공들 손에 넘겼다. 그 작품이 화공들이 아닌 솔 르윗의 것이라는데 아무런 이견이 없다.

우리나라에도 머리와 손이 분리된 사건이 있었다. 앞에서 살펴본 '조영남 대작 사건'이다. 조영남은 팝아티스트로서 화투 그림의 개념을 제공했고, 실제로 붓을 쥐고 대부분 그림을 그린 것은 다른 화가이다. 머리와 손이 분리된 경우인데, 이 사건에서 대작 화가는 '이 그림은 개념을 제공한 조영남의 것이다'라고 분명히 밝힌 바 있다. 검찰도 이 사건을 대작 사실을 구매자들에게 밝히지 않을 점을 문제 삼아 사기죄로 기소했을 뿐 조영남이 대작 화가의 저작권을 침해한 것으로 구성하지는 않았다.

이는 매우 미묘한 문제다. 만화와 현대미술을 같은 평면에 놓고 비교한다는 것 자체가 예술에 대한 무지에서 비롯된다고 비웃어도 할 말이 없다. 미술계와 만화계 둘 다로부터 무식하다는 소리를 들을 것 같다. 하지만 전문 지식 없이 순수미술과 응용미술을 대하는 평범한 사람에게는 충분히 흥미로운 문제라고 생각한다. 장르에 따라 '개념'이 스포트라이트를 받기도 하고 (현대미술), '손맛'에 열광하기도 하는 게(만화) 흥미롭지 않은가?

차근히 생각해 보며 왜 그런 차이가 생긴 것인지 따져보는 과정
도 재미있을 것 같다.

내가 산 작품인데 내 마음대로 못한다니
- 저작권의 또 다른 측면, 저작인격권

2000년대 초반 이후로 꾸준히 이루어진 저작권 보호 캠페인과 유명인들의 소송 사례들을 접하면서 사람들은 이제 저작권 개념을 낯설게 느끼지 않는다. 그런데 저작권이 독립된 두 개의 권리로 이루어져 있다는 사실은 아직 널리 알려지지 않은 것 같다. 저작권은 저작재산권과 저작인격권이라는 별개의 권리로 이루어져 있으며 저작권은 이들 권리의 복합권으로 보는 것이 통설이다. 별개의 권리인지 하나의 권리인지 이게 왜 중요할까? 소송물 이론이라는 법 논리를 빼고 우리에게 와닿게 핵심만 말하자면, 돈이 이중으로 움직이게 된다는 점이 중요하다. 저작재산권 침해로 인한 손해배상과 저작인격권 침해로 인한 위자료를 따로 받을 수 있다. 또는 따로 물어줘야만 한다.

쉽게 떠올릴 수 있는 영화나 음악의 불법 다운로드는 저작재산권 침해의 문제다. 그렇다면 저작인격권은 무엇일까? 저작인격권은 창작물과 창작자 사이에 발생하는 특별한 '인격적

이익'을 보호한다. 작품의 소유권자와는 별개로 오로지 창작자에게만 인정되는 권리이다. 그런데 특별한 인격적 이익이라니 이게 대체 무슨 소리인가. 이러한 권리의 모호함이 저작인격권의 본질이다. 그래서 이른바 '소유권 절대의 원칙'에 입각한 영미법계에서는 애당초 저작인격권이라는 것을 인정하지 않다가 차차 받아들였고, 이와 반대로 유럽의 대륙법계 국가들은 저작인격권은 창작자 자신조차도 포기할 수 없는 '자연법적 권리'라는 상반된 견해를 갖고 있다. 태생적으로 알쏭달쏭한 권리인 셈이다.

우리나라는 대륙법계인 일본의 영향을 받아(일본은 독일의 영향을 받았다) 기본적으로는 대륙법 체계를 따르고 있지만 발전 과정에서 미국의 영향을 많이 받아 영미법계의 법논리나 제도도 많이 수용하고 있다. 우리 「저작권법」이 인정하는 구체적인 저작인격권은 ①공표권, ②성명표시권, ③동일성유지권이다. 이하에서 법조문과 간단한 해설을 곁들인다.

> **저작권법 제11조(공표권)** ①저작자는 그의 저작물을 공표하거나 공표하지 아니할 것을 결정할 권리를 가진다(이하 제2항 내지 제5항 생략함).
>
> **제12조(성명표시권)** ①저작자는 저작물의 원본이나 그 복제물에 또는 저작물의 공표 매체에 그의 실명 또는 이명을 표시할 권리를

가진다.

②저작물을 이용하는 자는 그 저작자의 특별한 의사표시가 없는
때에는 저작자가 그의 실명 또는 이명을 표시한 바에 따라 이를 표
시하여야 한다. 다만, 저작물의 성질이나 그 이용의 목적 및 형태
등에 비추어 부득이하다고 인정되는 경우에는 그러하지 아니하다.

제13조(동일성유지권) ①저작자는 그의 저작물의 내용·형식 및
제호의 동일성을 유지할 권리를 가진다.

②저작자는 다음 각 호의 어느 하나에 해당하는 변경에 대하여는
이의 할 수 없다. 다만, 본질적인 내용의 변경은 그러하지 아니하다
(이하 각 호 모두 생략함).

공표권은 미공표 저작물의 공표 여부를 결정하는 권리,
공표를 할 경우 어떠한 형태나 방법으로 할 것인지를 결정하는
권리 및 언제 공표할 것인지, 즉 공표 시기를 결정하는 권리가
포함되어 있다. 저작물의 공표 여부, 공표의 시기, 장소, 방법은
경우에 따라 저작자의 명성이나 지위, 권익 및 저작물의 상업적
가치에 큰 영향을 미칠 수 있으므로 이에 대한 판단을 전적으로
저작자에게 맡긴 것이다.

성명표시권은 자신이 저작자임을 주장할 권리와 저작자
명을 표시하지 않고 무명으로 공표할 권리를 포함한다. 저작자

명을 표시하는 것은 창작물의 내용에 대한 책임과 평가가 귀속되는 주체가 누구인지를 명확히 밝힐 뿐만 아니라 저작물과 저작자를 연결하는 명예권과도 관련이 있다. 국내에서는 피카소의 저명한 서명과 동일한 상표를 무단으로 등록하여 피카소의 유족이 제기한 상표등록 무효심판청구가 인용된 사례가 있다. 대법원은 "저명한 화가가 자신의 저작물임을 나타내기 위해서 표시해 오던 서명을 타인이 자신과 전혀 무관한 상품의 상표로 무단 등록하여 공표하고 사용하는 것은 저명한 미술저작자로서의 인격권을 침해하는 불법행위에 해당한다"고 판단했다(대법원 2000. 4. 21. 선고 97후860, 884 판결).

동일성유지권은 창작자가 적극적으로 창작물을 변경할 수 있는 권리와 동시에 소극적으로 창작자의 의사에 반하는 변경 등을 금지하는 원상유지권을 포함한다. 저작물은 저작자의 인격을 표현한 것이라고 할 수 있다. 그 변경을 자유롭게 허용한다면 저작자의 감정을 해치는 동시에 창작 의욕에도 영향을 미치므로 저작자의 의사에 반하는 변경 행위를 금하는 것이다. 동일성유지권과 관련해서는 흥미로운 사례들이 다수 있으니 좀 더 살펴보자.

'지하철 벽화 사건'은 성명표시권과 동일성유지권이 모두 문제 된 사례이다. 서울특별시 도시철도공사는 2001년 원화 작가의 허락을 받지 않고 원화를 이용하여 지하철 약수역, 한강진역, 학동역 역사 내부에 벽화를 제작했다. 저작자의 항의가 있었지만 그 벽화들을 계속 전시하여 결국 원화 저작자는 2004년 손해배상 등의 소를 제기하기에 이른다.

2006년 법원은 원화 저작자의 저작재산권과 저작인격권 모두의 침해를 인정했다(서울중앙지법 2006. 5. 10. 선고, 2004가합 67627 판결). 이 사건에서 법원은 저작인격권 중 동일성유지권과 관련하여 "원고의 연작 작품 중 일부만을 벽화화하였거나 제작 방식이 원고가 의도하지 않은 방식으로 되었으며(테라코타 방식에서 타일 방식으로), 작품의 위·아래를 거꾸로 설계·시공함으로써 작가의 작품 의도를 훼손하여 설치되거나 전시된 사실을 인정할 수 있으므로" 설계 업체와 도시철도공사는 원화에 대한 동일성유지권을 침해했다고 판단했다. 또한 약수역과 한강진역에 설치된 벽화의 작가란에는 "작가 미상"이라고 표시되어 있고, 학동역의 벽화는 아예 작가 표시란 자체가 존재하지 않는 것은 설계 업체와 도시철도공사가 저작자의 저작인격권 중 성명표시권을 침해한 것이라고도 판단했다.

    지하철 벽화 사건처럼 소송으로까지 비화되지는 않았지만 서울 대치동 포스코(posco) 본사 앞의 〈꽃이 피는 구조물 - 아마벨〉(이하 〈아마벨〉로 약칭)이라는 조형물도 논란의 중심이 된 적이 있다. 〈아마벨〉은 가로·세로·높이 각 9m, 무게 30t의 거대한 철제 조형물로서 현대예술의 거장이라 불리는 프랭크 스텔라(Frank Stella, 1936~)의 작품이다. 비행기 잔해와 스테인레스 스틸을 이용하여 '폐기된 문명의 이기로 피어난 꽃'을 형상화한 작품이라고 한다. 그런데 고철을 이용한 조형물이 난해하고 흉물스럽다는 비난을 받게 되자 포스코 측에서는 작품을 다른 곳으로 이전하는 계획을 세우기에 이르렀다. 그러한 계획이 알려지자 〈아마벨〉의 작가와 그를 옹호하는 이들이 주장한 권리가 바로 저작인격권 중에서도 동일성유지권이었다.

    일반적으로 작품을 다른 곳으로 옮기는 것만으로 작품이 변형된다고 보기는 어려우므로 이 사건에서 왜 동일성유지권이 문제되는지 의문이 들 수 있다. 그러나 〈아마벨〉은 철강 기업인 포스코 본사에 설치되어 포스코라는 기업의 가치를 상징적으로 나타내고 있다. 그뿐만 아니라 이 작품은 작가가 처음부터 그곳에 설치할 것을 전제로 구상한 후, 현장에서 직접 고철과 준비된 철 조각을 조합하는 방식으로 제작하였으므로 작품과 그 장소와의 밀접한 상관성이 인정될 여지가 많다. 「저작권법」 제13조 제2항은 불가피한 변경은 허용하면서도 저작물의 '본질적인 내용의 변경'은 어떠한 경우라도 허용될 수 없다고 정하고 있다. 법에 의할 때 〈아마벨〉처럼 설치될 특정 장소를 전제한 작품은 그 장소의 변경이 '본질적인 내용의 변경'이 될 수 있다. 따라서 포스코가 작품의 소유권을 갖고 있다고 하더라도 작가가 허락하지 않는 한 장소를 옮기기 어려운 것이다.

논란 끝에 포스코는 작품을 원래의 자리에 두는 대신 주변에 나무를 심고 아름다운 색 조명을 덧입히는 방법을 선택했다. 〈아마벨〉은 그 후로 2016년에는 〈메트로신문〉이 주최한 공공미술 기업문화 부분에서 대상을 수상했지만, 2017년에는 해외 미술 분야의 유명 매체인 〈아트넷 뉴스〉가 발표한 '가장 미움받는 조형물 10선'에 선정되는 등 최근까지도 엇갈리는 평가를 받고 있다.

내 주변의 예술인들에게 이러 저러한 저작인격권 침해 사례를 말해 주면 "어머, 그건 아니지. 당연히 안 되는 거 아냐?"라는 정도의 반응이 나올 뿐, 구체적으로 자신의 창작물에 대하여 어떤 권리를 갖는지 잘 모르고 있는 경우가 많았다. 실제로 이런 일을 겪게 되면 단순한 뉴스거리를 넘어서는 심한 마음의 상처를 입는다. 대부분의 작품은 구상 단계부터 완성에 이르기까지 예술가의 정신과 체력을 쏙 뽑아내기 때문에 '자식'과도 진배없다. 그런데 그런 자식이 위아래가 뒤집히고 부모가 누군지 모른다고 공표되고 전혀 맞지 않은 옷을 입고 어딘가 엉뚱한 곳에 가 있는 모습을 본다면⋯. 뒤늦게 소송에서 일부 승소하여 금전적인 보상을 약간 받는다고 하더라도 그 상처가 전부 나을 리 만무하다.

그러니 많은 예술인이 이 글을 읽고 자신의 저작인격권도 잘 챙기고 주변에 책 소개도 좀 해주고⋯ 그러면 좋겠다. 이거야말로 누이 좋고 매부 좋은 일 아닌가?

우리 아이가 실수로 미술관에서 작품을 깨뜨렸어요
- 전시회에서의 예술품 파손과 그 책임에 관한 이야기

경매 최고가가 또 갱신되었다는 뉴스를 제외한다면 특정한 미술 작품이 언론에 오르내리는 이유는 '도난과 파손'일 때가 많다. 비교적 최근인 2019년 12월에도 영국 런던의 명소로 유명한 테이트 모던 미술관에서 20세 남성이 피카소의 〈여인의 흉상〉을 고의로 훼손해 경찰에 체포된 일이 세계적으로 알려졌다.

이처럼 작정하고 예술품을 파괴하는 반달리즘(vandalism)에 대처하는 각국의 태도는 다양하다. 예술품을 훼손하면 가중처벌을 하는 입법례도 있다고 하나, 우리나라의 경우는 일반적인 물건에 대한 파손과 마찬가지로 형법 제366조의 재물손괴죄가 적용된다. 객체가 예술품이라는 특수성은 형사가 아닌 민사, 즉 민법상 손해배상액의 산정 부분에서 고려한다.

일부러 남의 작품을 훼손하는 행위를 형벌로 처벌한다는 것은 당연하게 들린다. 문제는 실수로 예술품을 파손한 경우다. 형법 제366조 이하의 재물손괴죄는 고의범을 전제로 성립할 뿐이기 때문이다. 과실범의 경우는 아예 형법상 처벌 규정이 없다. '과실재물손괴죄' 같은 건 존재하지 않는다는 뜻이다. 실수로 남의 물건을 파손하면 민사상의 문제만 남는다.

우리가 대형 전시회에 찾아가서 볼만큼 유명한 그림들은 그 가치가 천차만별이긴 하나 대부분 고가이다. 따라서 전시 기관에서는 대개 책임보험에 가입한다. 보험은 작품 훼손에 대한 거의 유일한 경제적 대비책이다. 작품이 어떤 경위로 파손될지 미리 알 수도 없거니와 파손 행위자가 금전적인 배상 능력이 있을지 없을지도 모르기 때문이다.

전시 기관이 보험에 가입하는 이유는 자신들이 직접 입은 손해를 보상 받고자 하는 것만은 아니다. 전시 기관은 대개 타인 소유의 작품을 대여하여 전시를 개최하기 때문에 작품의 소유자에 대한 전시 기관의 손해배상책임을 보험 회사가 대신 해결해 달라는 내용의 보험계약을 체결하는 것이다. 이처럼 제3자에 대한 손해배상책임을 짐으로써 입는 간접손해를 보상하는 것이 바로 '책임보험'의 목적이다. 내가 직접 입은 손해를 보상받는 일반 손해보험과는 다르다.

보험계약은 보험자(주로 보험 회사)와의 협상에 따라 개별적이고 구체적인 약정을 할 수도 있다. 그러나 예술품의 진위와 가치를 감정하는 객관적인 기준이 체계적으로 잡히지 않은 우리나라의 경우, 개인보험보다는 포괄적이며 단체의 구성원 전부를 피보험자로 하는 단체보험이 주를 이룬다. 미술품과 관련된 국내의 책임보험으로는 삼성화재나 동부화재 등 대형 보험사가 판매하는 '박물관 및 문화재단 종합보험(Commercial Insurance Coverage For Museums and Cultural Institutions)'이 있다. 이 보험은 전시품 운송 과정에서의 파손, 전시를 진열하는 과정에서의 파손, 전시 중 관람객에 의한 파손 등 다양한 손해 유형을 모두 포괄한다.

보험? 구상권? 과실상계?

미술관에서 나 또는 우리 아이가 실수로 작품을 파손했다고 가정해보자. 다행히 미술관, 더 정확히는 작품을 대여해 오는 주관사가 '박물관 및 문화재단 종합보험'에 가입된 상태라고 한다. 휴…. 정말 다행이다. 그런데 이렇게 안심하고 끝날 문제일까? 아니다. '구상권'의 문제가 남기 때문이다. 구상권은 A가 B에 대하여 진 빚을 C가 A대신 B에게 갚아줬을 때, C가 A에게 자신이 갚아 준 만큼의 금액을 반환할 것을 요구할 수 있는 권리이다. 보험 회사는 미술관을 대신해서 내가 파손한 작품의 소유자에게 손해를 배상해주지만 보험 회사는 결국 사고를 친 당사자인 나에게 구상권을 행사할 수 있다. 누구에게 돈을 줘야 하는지만 달라질 뿐 결국 사고를 친 내가 결자해지해야 한다는 것은 달라지지 않는다.

그러나 다행스럽게도 보험 회사는 대개 단순 실수일 경우에는 관람객에게 책임을 묻지 않는다고 한다. 물론 모든 경우에 다 그렇다고 일률적으로 말할 수는 없다. 보험 약관에서 '관람객의 단순 실수에 의한 전시 중 작품 파손의 경우에는 보험 회사는 구상권을 포기한다'는 취지의 구상권 포기 조항을 두기도 한다. 구상권 포기 조항이 없다고 하더라도 보험 회사가 작품의 소유자에게 지급한 손해액에서 미술관측의 관리상의 과실 비율과 작품을 실제로 파손한 나의 과실 비율을 명백히 밝혀내는 과정이 쉽지 않기 때문에 실제로 많은 경우 관람객을 '봐준다'는 얘기도 있다.

2015년 8월 타이완의 한 전시관에서는 12살 소년이 안내원의 설명을 듣다가 발을 헛디디면서 작품에 손을 대 그림에 주먹만 한 구멍이 생긴 일이 있었다. 전시회 기획자는 "작품 수리비는 보험으로 처리할 것이며 아이에게 변상 책임을 묻는 대신 하루 자원봉사를 시킬 예정"이라고 인터뷰에서 밝혔다. 변상 책임을 묻지 않겠다는 것은 아마도 보험 회사와 협의에 따라 보험 회사가 구상권을 행사하지 않을 것이라는 의미일 것이다. 언론에 공개된 사진을 보면 소년은 아주 어린 아이도 아니고 전시회

장 안에서 한 손에 음료를 들고 있었다. 이런 정황까지 고려하면 자원봉사는 단 하루에 그칠 일은 아닌 것 같지만…. 아무튼 훈훈한 결말이다.

　하지만 모든 경우 이렇게 아름답게 마무리되진 않는다. 2018년에는 미국 미주리주 캔자스시티의 다섯 살 아이가 실수로 지역 커뮤니티센터에 전시된 토르소 조형물을 잡고 넘어지며 이를 파손한 사건이 있었다. 보험 회사가 아이의 부모에게 13만 2,000 달러(약 1억 5,000만 원)의 구상금의 지급을 청구하는 서한을 보냈다. 보험 회사는 "당신은 어린아이를 관리할 책임이 있다"며, "제대로 관리하지 못한 것은 의무를 태만히 한 것으로 간주할 수 있다"는 이유로 구상금 지급 청구의 이유를 밝혔다. 아이의 부모는 "조형물이 주요 통로에 별다른 안전장치도 없고 관리하는 인력도 전혀 없이 무방비 상태에 있었으며 만지지 말라는 경고 표시도 없었다"라고 주장하며 지급을 거절했다. 아이 부모의 주장이 사실이라면 전시장 측과의 과실 분담 비율이 조정되기는 하겠지만 그렇다 해도 전부 면책되기는 어려울 것이다.

　그런데 만약 미술관이 보험에 가입하지 않은 상태라면 어떻게 될까? 엇? 그런데 미술관은 모두 보험에 가입되어 있어야 하는 것 아닌가?

　우리나라에는 박물관과 미술관의 설립과 운영을 규율하

는 현행법으로 「박물관 및 미술관 진흥법」이 있다. 이 법률에서 보험의 가입은 박물관 또는 미술관을 등록하기 위한 필수요건이 아니다. 이들 기관의 보험 가입을 강제할 수 없으므로 사설 기관의 경우 보험에 가입되어 있지 않은 곳이 많다. 법률상 의무 사항이 아닐 뿐 아니라, 작품이 유명하지 않거나 전시 규모가 작은 곳은 전시품의 가치 산정이 어려워 보험 가입을 원해도 실제로 보험계약이 체결되기 어렵다는 현실적인 이유도 있다. 보험에 가입되어 있지 않은 미술관의 작품을 파손한 경우라면 보험이 있는 대형 전시와는 달리 미술관 측에서 파손 행위자에게 직접 손해배상을 청구할 가능성이 얼마든지 있다.

만약 5,000만 원짜리 항아리가 완전히 깨져버렸다면 나는 그 금액 전부에 대한 책임을 질까? 여기서부터는 일반적인 '과실상계'의 법리가 적용된다. 사건에 연루된 당사자 각자의 과실 비율을 따져 손해를 공평하게 나누는 법리다.

앞서 미국 미주리주의 다섯 살 아이 사건에서 언급한 바와 같이 전시 기관에서 작품을 보호하기 위해 통로로 사용되는 공간을 피하고, 작품을 고정하고, 작품 주위에 간단한 울타리를 두르고, 만지지 말라는 경고문을 붙이는 등의 노력을 충분히 기울였는지를 고려해야 한다. 전시 기관의 과실이 드러난다면 나의 책임 범위도 상당 부분 줄어들 것이다. 어린아이가 항아리를 깬 경우라면 부모 또는 인솔자가 '감독의무'를 얼마나 잘 이행하였는지에 따라 책임 금액이 달라질 것이다. 학교에서 현장 학습으로 아이들을 데리고 간 것이라면 피해 금액은 아이의 부모, 담임 교사의 사용자(학교), 전시 시설 운영자 사이의 과실 비율에 따라 나누어야 한다.

'선처' 대(對) '법대로'

2015년 여름 경기도에 위치한 덕소자연사박물관에 전시된 코끼리 상아 화석이 어린이에 의해 파손된 일이 있었다. 어린이가 가족과 관람 중 상아 화석을 만지다 바닥에 떨어뜨려 화석은 여러 조각으로 부서졌다. 가해 가족은 그 자리에서 달아났다. 박물관 측은 경찰에 신고하지 않고 인터넷 홈페이지에 "부모가 찾아와 진심으로 사과한다면 선처하겠다"라는 글을 올렸고, 이에 가해 가족이 사건 8일 만에 찾아와 사과했다고 한다. 박물관 측이 피해 변상은 요구하지 않기로 했다고 하니 앞서 타이완에서 벌어진 사건처럼 아쉬움은 다소 남았지만 훈훈하게 마무리된 셈이다.

선처가 곧 아름다운 결말일까? 법대로 하면 미국 미주리주 캔자스시티 커뮤니티센터의 경우처럼 금전적인 책임을 일부나마 져야 한다. 법대로 하는 것이 야박한 걸까? 타이완의 보험 회사와 덕소자연사박물관의 운영자가 참으로 대인배의 품성을 지녔다고 칭찬받아야 할 일일 뿐, 엉뚱하게 미국의 보험 회사가 야박하게 군다고 마냥 비난받을 일은 아니라고 생각한다.

물론 예술품을 휴대폰이나 자동차 같은 소비재와 마찬가지로 취급할 수는 없을 것이다. 그렇다고 금전적인 손해를 입는 보험 회사나 전시관 운영자의 관대한 처분을 당연하게 받아들이진 말자. 최근 몇 년 전부터 '호의가 계속되면 권리인 줄 안다'라는 말이 유행인데 예술품 파손의 경우에도 이 말이 적용될까 노파심에 하는 말이다.

나의 인터넷 공간에 올린 남의 작품, 그 뒷감당은

- 소셜미디어와 저작권법 이야기

1990년대까지 우리는 '예술과 법의 관계'라 하면 주로 표현의 자유에서 파생되는 국가보안법 위반, 음란성 여부, 사전 검열 등의 문제를 떠올렸다. 많은 경우 예술 작품이 지닌 정치·사회적 함의에 중심을 두고 그 가치를 판단하곤 했다. 그러나 2000년대 이후부터는 조금 달라진다. 창작물의 경제적 가치에 초점을 맞추어 예술도 마땅히 재산권의 보호 대상이라는 인식이 널리 퍼졌다. 2010년대 이후 우리는 이제 '예술과 법'이라고 하면 흔히 저작권법을 떠올린다. 이런 경향은 대중 예술 분야에서 더욱 강하게 나타난다. 소셜미디어를 통해 누구나 자신을 표현할 수 있는 환경에서는 나의 저작과 타인의 저작이 뒤섞여 어디서부터 어디까지가 나만의 표현인지 알기 어려운 경우가 생길 수밖에 없기 때문이다.

예를 들어 영화를 보거나 책을 읽은 후 감상평을 나의

SNS 공간에 게시한다고 생각해 보자. 영화의 한 장면이나 포스터를 글과 함께 업로드 할 수도 있고 책의 어느 한 구절을 인용할 수도 있을 것이다. 이런 경우 문제가 없을까? 단순한 취미인 경우와 그 감상평을 인터넷에 게재하여 광고 수익이든 뭐든 경제적인 이익을 얻는 경우의 결론은 서로 다를까?

거칠게 답변하자면, 영리적이든 비영리적이든 이런 인용은 가능하다. 다만 허용 범위는 차이가 있다. 이러한 인용이 가능한 근거는 「저작권법」 제28조이다.

> **저작권법 제28조(공표된 저작물의 인용)** 공표된 저작물은 보도·비평·교육·연구 등을 위하여는 정당한 범위 안에서 공정한 관행에 합치되게 이를 인용할 수 있다.

우리 법원은 위 규정에 해당하기 위해서는 "인용의 목적이 보도·비평·교육·연구에 한정된다고 볼 것은 아니지만, 인용의 '정당한 범위'는 인용저작물의 표현 형식상 피인용저작물이 보족, 부연, 예증, 참고 자료 등으로 이용되어 인용저작물에 대하여 부종적 성질을 가지는 관계(즉 인용저작물이 주이고, 피인용저작물이 종인 관계)에 있다고 인정되어야 한다"고 판시한다. 다시 말해 비평이나 연구라는 고상한 목적 없이 그냥 재미로 혹은 작문 실력을 자랑하려고 감상평을 적고 일부 장면을 캡처해 올

려도 그 이미지가 감상평을 압도할만한 분량이 아니라면 허용된 다는 뜻이다. 위 규정은 영리적·비영리적인 경우 모두에 적용되는 것이지만, 영리적인 경우라면 법원은 '정당한 범위'와 '공정한 관행'을 더 엄격하게 판단한다.

그럼 이번에는 감상평이 아니라 아예 어떤 책을 통째로 읽는 나의 모습이나 목소리를 인터넷에 올리는 경우는 어떨까? 오디오 북 시장이 급격히 커지고 있는데 전문 성우처럼 직접 읽는 자신의 목소리와 모습을 남들에게 보여주고 싶을 수 있다. 그러나 이런 경우에는 위 저작권법 제28조가 적용되지 않는다. 통째로 읽는 것을 '인용'이라고 볼 수 없기 때문이다. 책을 낭독하는 것은 저작권법상 '복제 및 공연'에 해당한다. 낭독 녹음을 인터넷에 올리고 싶다면 그것이 영리적이든 비영리적이든 상관없이 원저작자의 허락을 받아야 한다.

저작권법 제46조(저작물의 이용허락) ①저작재산권자는 다른 사람에게 그 저작물의 이용을 허락할 수 있다.

②제1항의 규정에 따라 허락을 받은 자는 허락받은 이용 방법 및 조건의 범위 안에서 그 저작물을 이용할 수 있다.

③제1항의 규정에 따른 허락에 의하여 저작물을 이용할 수 있는 권리는 저작재산권자의 동의 없이 제3자에게 이를 양도할 수 없다.

아, 또 누군가가 물어본다. '저는 그림책인데요? 그냥 책장을 넘기기만 하는 건요?', '제가 쓴 감상평이 더 멋져 보이게 잘 어울리는 배경음악을 넣고 싶어요. 어떤가요?', '그건 그렇고 저작권자의 허락은 어떻게 받아야 하나요?' 등등. 이런 질문은 거의 사람 수대로 생긴다고 해도 무리가 아니다. 주변에 「저작권법」 답변 자판기가 있는 것도 아니고 인터넷에 물어본다고 하더라도 양질의 답변과 엉터리 답변이 섞여 있기 태반이다. 이런 경우 어떻게 행동해야 할까? 그냥 겁나니까 하지 말까? 아니면 남들도 다 하니까 나도 그냥 해볼까? 왜 백세희 변호사는 이것들을 대답해 주지 않을까. 몰라서 그런가?

사실 이번 글의 목적은 바로 '길 안내'이다. 아무리 개개의 사례에 대해서 알려주어도 조금씩 사실관계가 달라지면 틀린 답이 되고 만다. 마치 상황별 실전 영어 몇 문장 외웠다고 해서 그걸로 재밌는 대화를 나누기 어려운 것과 다를 바 없다. 그래서 우리는 작정하고 저작권법 전문가가 되지 않을 바에는 적어도 어디로 가야 올바른 답변을 구할 수 있는지를 알아야 한다.

가장 접근하기 쉬운 기관은 바로 한국저작권위원회 (www.copyright.or.kr)다. 문화체육관광부의 위탁을 받아 설립된 위 단체는 저작권 관련 대국민 서비스를 주요 업무 중 하나로 삼고 있다. 따라서 궁금한 점이 생기면 이곳 홈페이지의 법률게시판이나 전화 상담(1800-5455)을 이용하면 된다. 법률게시판에는 비공개로 이루어지는 1:1 상담도 있고 자주 올라오는 질문과 답을 엮어 놓은 유형별 자동상담 게시판도 있다.

산하 기관인 디지털저작권거래소(www.kdce.or.kr)를 이용하면 저작물 이용허락 계약을 체결할 수 있다. 앞서 언급한 책 낭독의 경우라면 1차적으로 출판사에 전화하여 문의하는 것이 빠르겠지만, 대중음악과 같이 좀 더 대량으로 소비되어 저작권의 관리를 신탁관리단체에 일임한 경우라면 위 디지털저작권거래소 서비스를 이용하는 것이 간편할 것이다.

저작권 관련 협회들도 좋은 문의처가 될 수 있다. 음악저작물의 신탁관리 및 이용허락에 관하여는 (사)한국음악저작권협회, (사)함께하는음악저작인협회가 있고, 문학·학술 또는 예술 저작물의 저작권에 관하여는 (사)한국문예학술저작권협회, 미술 저작권의 위탁 및 대리중개에 관하여는 ㈜대중문화저작권관리 등이 있다.

변호사들도 여기저기 많이 물어본다. 변호사의 답변이 모두 자신의 머리에서 나오는 것은 아니다. 나도 긴가민가한 질문이 들어오면 종종 구청이나 관공서 홈페이지에서 조직도를 확인한 후 적당하다고 생각되는 담당자에게 전화해서 이것저것 물어보곤 했다. 나처럼 의뢰인에게 빨리 답변을 해줘야만 하는 상황이 아니라면 전화 통화보다 더 좋은 것이 홈페이지 문의 게시판이다. 글로 문의하면 퉁명스러운 목소리에 당황하여 빼먹는 내용도 없고, 또 물어보기 미안해서 다 알아들은 척하며 적당히 전화를 끊을 일도 없다. 인터넷 쇼핑몰에서 물건 구매할 때 판매자한테 문의하는 것처럼 쉽게 문의하고 다른 사람의 사용 후기를 찾아보는 것처럼 FAQ 게시판의 상담 사례를 샅샅이 훑어보자. 분명히 건질 것이 있다. 생각보다 많은 사람이 이 과정을 귀찮아하고 그냥 비전문가들이 모인 커뮤니티에서 잘못된 정보를 받아들인다.

물론 그렇게 구한 답이 100% 나의 행위를 정당화할 수 있는 근거가 되는 것은 아니다. 한국저작권위원회조차 문의 사항에 대한 답변을 한 후 말미에 '본 위원회는 유권해석기관은 아니다'는 문구를 명시할 때도 있다. 만일 상담대로 했지만 저작권 침해 행위가 소송의 대상이 된다면 그 최종적인 판단은 법원에서 이루어질 수밖에 없다. 그래도 이 경우 상담 내역을 법원에 제시하면 저작권 침해 상황을 피하기 위하여 나도 상당한 노력을 기울였다는 점을 참작 받을 수 있다. 완벽하지는 않아도 만약의 경우의 뒷감당에 조금이나마 도움이 될 수 있다는 뜻이다.

저작권법은 흔히 '양날의 검'이라고 한다. 저작자의 권리 보호에만 치중한다면 저작물의 공정한 이용에 따른 문화 및 관련 산업의 향상·발전은 도외시 될 우려가 있기 때문이다. 우리나라는 2000년대 이후로 저작재산권에 대한 인식의 변화로 이제 저작자의 권리 보호의 필요성에는 어느 정도 사회적인 공감을 형성한 것으로 보인다. 요즘 좌충우돌하는 것은 과연 어디까지가 공정한 이용의 범위인가이다. 이 부분에 대하여 많은 이가 관심을 가지고 전문가 집단에 계속 문의하여 그 데이터베이스가 구축된다면 인터넷 공간에서도 어느 정도 합의점에 다다를 수 있을 것이라 기대한다. 자, 그러니 이제 물어보러 갑시다!

'짝퉁'에 솔깃한 당신, '짝퉁'이 지긋지긋한 당신
- 아티스트 울리는 모조품 판매·구매와 법률문제

현대미술은 미술관에서만 볼 수 있는 건 아니다. 거리에서, 카페에서, 심지어는 사람들의 손에도 현대미술의 파편이 들려있다. 현대미술의 대표 주자들이 명품 브랜드와 손을 잡고 패션 상품을 생산하는 것도 더는 새로운 일이 아니다. 프랑스의 명품 브랜드 루이비통은 2003년부터 일본의 대표적인 현대미술가인 무라카미 다카시와 협업하여 내놓은 멀티모노그램 시리즈 등으로 50조 원 이상을 벌어들였다고 한다. 루이비통은 무라카미 다카시 외에도 쿠사마 야요이(草間 彌生, 1929~), 제프 쿤스 등 이름만 들어도 대표작이 떠오를 만큼 잘나가는 당대 최고의 예술가들과 꾸준히 작업하고 있다.

무라카미 다카시와 루이비통의 협업(콜라보레이션) 시리즈는 너무나 성공적이고 익숙해서 15년이 훌쩍 지난 지금까지도 모조품 시장에 남아있을 정도다. 우리가 흔히 '짝퉁'이라고 부르는 이 모조품은 성공적인 디자인의 그림자와도 같은 존재다. 제품이 잘 팔리면 반드시 등장한다. 최근엔 어감만으로도 불법의 기운이 풍기는 '짝퉁' 대신 '레플리카'라는 중립적인 듯하면서도 조금 유식해 보이기까지 하는 단어가 바통을 이어받고 있다. 이들은 우리 주변에 널려있는 만큼 짝퉁, 카피, 레플리카, 이미테이션, 모조품 등등 그 명칭도 다양하다.

　　모조품은 디자이너와 생산자에게는 눈엣가시 같은 존재이지만 구매자에게는 한 번쯤 눈길이 가는 솔깃한 존재이기도 하다. 10분의 1이라는 저렴한 가격으로 허영심의 상당 부분을 채울 수 있으니 어찌 유혹적이지 않을까? 게다가 내가 이걸 산다고 어차피 루이비통, 샤넬, 삼성, 애플 같은 거대한 글로벌 기업에 별 손해도 생기지 않을 것 같다. 이런 생각으로 별다른 죄책감 없이 모조품을 구매한다. 나도 그랬다. 그런데 실상은 달랐다. 디자인과 브랜드의 도용으로 인한 피해자는 생각보다 우리 가까이에 있었다. 소비 연령이던 10, 20대일 때는 잘 몰랐던 모조품 문제가 핵심 생산 연령인 30, 40대에 이르니 아주 가까운 주변의 문제가 되어있었다.

「디자인보호법」과 「상표법」 등의 보호

　　많은 이가 2011년 이후 한동안 폭발적인 인기를 끌었던 토끼 귀와 꼬리가 달린 스마트폰 케이스를 기억할 것이다. 주식

회사 라비또의 설립자 곽미나 씨가 디자인한 제품이다. 토끼 모양 케이스가 엄청난 인기를 얻자 우후죽순으로 짝퉁이 생겨났다. 밀려드는 모조품과의 전쟁에 앞서 특허청에 대한 디자인 등록 과정부터 순탄치 않았다. 특허심판원과 특허법원은 디자인 등록을 거절했으나 최종적으로 대법원에 의해 라비또의 토끼 모양은 「디자인보호법」상 보호받는 디자인이 되었다. 길고도 지리한 과정을 거쳐 마침내 디자인에 대한 배타적인 권리를 지켜낸 라비또는 이를 바탕으로 이후 수많은 디자인 도용에 대처했다.

반면 디자인을 도용당하고도 별다른 배상 청구도 하지 않은 채 손해만 감수하고 마는 경우도 많다. 법률 비용에 대한 부담과 그 디자인이 자신의 사업에 대해 갖는 중요성 등을 종합적으로 고려해 내린 결과일 때도 있고, 단순히 귀찮고 골치 아파서 덮어둘 때도 있다. 앞의 라비또도 디자인을 도용당하고도 별다른 조치를 취하지 않은 제조업자도 모두 나의 가까운 지인이다. 나이와 자신의 직업 분야에 따라 차이는 있지만 그래도 살펴보면 우리 주변에는 디자인과 브랜드의 모조품 때문에 골머리 앓는 이들이 상당히 많다.

스마트폰 케이스처럼 (라비또라는) 브랜드 그 자체보다는 (토끼 귀 모양의) 디자인이 구매의 중요한 동기일 때에는 등록된 디자인권을 바탕으로 권리 침해를 구제받을 수 있다(다만 라비또의 경우 상표권 침해 문제도 있었다). 하지만 앞서 언급한 루이비통이나 샤넬 같은 명품 브랜드들은 로고나 브랜드명 그 자체의 위조가 큰 문제 아니던가? 이 경우에는 등록된 상표권을 바탕으로 대처한다.

전국의 수많은 짝퉁 제조·판매업자들이 「상표법」, 「부정경쟁방지법」, 「디자인보호법」, 「저작권법」 등 위반'의 화려한 수식어를 달고 있는 내용증명 우편을 받는다. 법마다 침해 요건이 달라서 같은 사건에서 이 모든 법이 한꺼번에 적용되지는 않는다. 이 중 가장 흔하게 등장하는 「상표법」 위반에 대해 조금 자세히 살펴보자.

> **상표법 제230조(침해죄)** 상표권 또는 전용사용권의 침해행위를 한 자는 7년 이하의 징역 또는 1억 원 이하의 벌금에 처한다.
>
> **제235조(양벌규정)** 법인의 대표자나 법인 또는 개인의 대리인, 사용인, 그 밖의 종업원이 그 법인 또는 개인의 업무에 관하여 제230조(중략)의 위반행위를 하면 그 행위자를 벌하는 외에 그 법인에는 다음 각 호의 구분에 따른 벌금형을 과하고, 그 개인에게는 해당 조문의 벌금형을 과한다(단서 생략).
>
> 1. 제230조를 위반한 경우: 3억 원 이하의 벌금
>
> **제236조(몰수)** ① 제230조에 따른 상표권 또는 전용사용권의 침해행위에 제공되거나 그 침해행위로 인하여 생긴 상표·포장 또는

상품(중략)과 그 침해물 제작에 주로 사용하기 위하여 제공된 제작 용구 또는 재료는 몰수한다(제2항 생략).

모방의 대상이 되는 브랜드는 「상표법」상 등록된 상표여야 한다. 루이비통, 샤넬, 구찌 등등 모조품 시장에서 인기 있는 명품 브랜드는 당연히 우리나라의 「상표법」에 따른 상표권 등록을 마친 상태이므로 이들 제품을 복제할 경우 동법 위반에 해당한다.

「상표법」 위반은 생각보다 중한 범죄이다. 7년 이하의 징역 또는 1억 원 이하의 벌금이라는 형량도 강력하지만, 위반 행위자와 회사(법인)까지 함께 처벌하는 '양벌규정'을 두고 있다는 점도 기억할만하다. 나아가 위조품, 제작 도구, 재료까지 모두 몰수하니 「상표법」 위반에 대한 처벌은 상당히 강력한 편이다. 이게 끝이 아니다. 해외에서 모조품을 들여온다면 불법 밀수 행위에 대해 「관세법」 위반도 성립한다. 만약 모조품이라는 사실을 속이고 물건을 팔았다면 형법 제347조의 사기죄의 책임도 피할 수 없다. 모조품 판매로 인한 이득액이 5억 원을 넘으면 형법이 아닌 「특정경제범죄가중처벌법」상의 사기가 성립할 수 있다. 그러면 징역형을 선고받게 된다.

형사가 이 정도다. 이제 민사가 남았다. 상표권자로부터 상표권 침해에 대한 손해배상청구를 받게 되면 엄청난 금액을 물어줘야 할 것이다. 상표권 침해에 기한 손해배상청구의 경우는 소송상 입증책임의 분배가 권리자에게 유리하다. 일반 민사소송에서는 피해자가 자신의 손해를 엄격하게 입증해야 하지만 「상표법」상 권리를 침해당한 피해자는 모조품 판매자의 수익이 곧 자신의 피해액이라는 주장을 할 수 있다. 이에 대해 침해자가 제대로 반박을 하지 못하면 자기가 번 돈을 모두 상표권자에게 돌려주어야 할 가능성이 높다는 의미이다.

'짝퉁' 구매한 나도 처벌 받을까

휴…. 잠시 숨 고르자. 이렇게 알게 된 이상 보통 대담하지 않고서야 짝퉁 판매는 못 할 것 같다. 모조품 판매는 정말 나쁜 짓인 것 같다. 그런 모조품을 구매한 나는…. 나도 「상표법」 위반의 공범이 될 수 있지 않을까? 마약처럼 구매자도 처벌받는 것 아닐까? 다행히(?) 우리 법에 모조품의 구매자에 대한 처벌 조항은 없다. 다만 「관세법」 위반의 경우는 조금 다르다.

관세법 제235조(지식산권 보호) ①다음 각 호의 어느 하나에 해당하는 지식재산권을 침해하는 물품은 수출하거나 수입할 수 없다.

1. 「상표법」에 따라 설정등록된 상표권

2. 「저작권법」에 따른 저작권과 저작인접권(중략)

5. 「특허법」에 따라 설정등록된 특허권

6. 「디자인보호법」에 따라 설정등록된 디자인권

외국 여행 중 짝퉁을 사서 국내로 들어오는 것은 「관세법」 제235조에 의해 금지된다. 그렇다고 어쩌다 짝퉁 제품이 세관에서 발각된다고 해도 너무 두려움에 떨 필요는 없다. 특별한 처벌 규정은 없고 다만 그 모조품의 통관이 보류되어 국내로 반입하지 못할 뿐이다. 이런 통관보류조차도 사실 이루어지지 않는 경우가 많다. 「관세법 시행령」 제243조와 관세청 고시인 「지식재산권 보호를 위한 수출입통관 사무처리에 관한 고시」가 여행자들이 휴대품으로 소량 사는 것쯤은 봐주기 때문이다.

> **관세법 시행령 제243조(적용의 배제)** 상업적 목적이 아닌 개인용도에 사용하기 위한 여행자휴대품으로서 소량으로 수출입되는 물품에 대하여는 법 제235조제1항을 적용하지 아니한다.

> **지식재산권 보호를 위한 수출입통관 사무처리에 관한 고시 제3조 (적용의 배제)** ① 「관세법 시행령」 제243조에 따라 법 제235조제1항의 적용이 배제되는 물품은 품목당 1개, 전체 2개에 한한다.

위 관세청 고시가 품목당 1개, 전체 2개까지는 봐준다고 한다. 그러니 모조품 가방 1개와 신발 1켤레, 이 정도까지는 괜찮다는 얘기다. 품목당 1개만 가능하므로 가방 2개는 반입할 수 없다. 세관에 유치 처분을 받게 된다.

현대미술가와 유명 브랜드의 협업 이야기로 시작해서 세관을 통과할 수 있는 짝퉁이 몇 개인지까지 이야기가 흘러왔다. 이렇게까지 와버렸는데 이제 와 어떻게 마무리하면 지식재산권 보호를 위해 모조품을 팔지도 사지도 말자는 교훈을 끌어낼 수 있을까. 뻔한 말은 삼가고 다만 내 개인적인 이야기를 하자면 이렇다. 더 젊고 외모에 집착할 때는 명품에도 짝퉁에도 모두 관심이 있었다. 이제 그 시기를 지나고 나니 그저 '건강이 최고'라는 생각뿐이다. 그리고 면세점에 가면 패션 쪽은 눈길도 주지 않고 주류 코너로 직행하는 사람이 되어버렸다. 예전에 왜 굳이 명품, 짝퉁에 관심 됐는지 기억도 나지 않는다.

판매자들이야 위험을 감수하고 불법적인 수익을 얻고자 하는 강력한 동기가 있으니 좋은 말로 설득한다고 그 사업을 포기할 것 같지는 않다. 그러면 구매자들이 열쇠를 쥐고 있다. 어차피 시간이 흐르면 시들해질 수도 있는 욕망인데 굳이 실정법까지 위반하면서 모조품을 살 필요가 있을지 진지하게 생각해 보자. 가방은 가벼운 게 최고고 옷보다는 옷걸이가 더 중요하다는 걸 깨닫고 해탈한 아줌마가 여기 있다. 이 정도면 마무리가 되려나.

장 미쉘 바스키아와 뱅크시가 범죄자인가요?

- 그래피티를 둘러싼 법적인 쟁점들

　　사회적 편견에 저항한 천재 화가로 칭송받는 장 미쉘 바스키아(Jean Michel Basquiat, 1960~1988)와 전 세계 어딘가에서 지금까지도 수없이 프린트되고 있는 드로잉의 창조자 키스 해링(Keith Haring, 1958~1990). 그리고 떴다 하면 그의 모든 흔적이 뉴스거리가 되는 얼굴 없는 예술가 뱅크시(Banksy, 1974~)까지. 이들은 그래피티(graffiti)를 통한 거리의 예술가 출신이라는 공통점이 있다. 작품에 엄청난 가격이 매겨지고 있다는 점도 마찬가지다.

　　벽에 그린 그림은 그 유명한 알타미라, 라스코 동굴 벽화처럼 구석기 시대부터 존재해왔다. 그렇지만 남의 담벼락에 허락도 없이 그린 그림이 예술로 인정받기 시작한 건 극히 최근의 일이다. 그 시작은 벌써 60여 년 전인 1960년대부터지만, 구석기 이래의 전체 회화사를 생각해보면 엊그제라고 해도 어색하지 않을 정도로 최근이다. 그래피티는 그 명칭이 생겨나기 전부터 긴 세월을 그냥 '낙서' 취급을 받아왔다.

　지금도 마찬가지다. 사실 그래피티를 그리는 건 단순한 낙서를 넘어 엄연한 불법 행위에 해당한다. 뱅크시가 계속 가명을 사용하고 얼굴과 신상 정보를 공개하지 않은 채 작품 활동을 이어가는 이유이기도 하다. 지금이야 누구나 뱅크시의 그림을 환영하기 때문에 더는 처벌을 두려워하지 않아도 될 법도 한데도 말이다. 아무튼 현존하는 예술가 중 남의 벽에 허락 없이 몰래 그림을 그리는 본래 의미의 그래피티로 엄청난 명성을 얻은 인물은 언뜻 뱅크시밖에 떠오르지 않는다. 내가 과문한 탓도 있겠지만 그만큼 예외적인 인물이기도 하다.

　일찌감치 거리 예술이 꽃을 피운 미국에서도 허락 없이 벽에 그림을 그리는 행위는 범죄로 처벌받는다. 다만 주마다 처벌의 정도는 다르다고 한다. 대다수의 주에서는 경범죄로 처벌하지만 뉴욕주는 우범 지대와의 연관성 때문에 그래피티를 반달리즘으로 보아 강경하게 대처하고 있다. 우리나라도 단순하고 작은 낙서 행위에 대해서는 「경범죄처벌법」을 적용한다. 하지만 '주인 허락 없이 건물 벽면 등에 그래피티를 하면 형법상 재물손괴죄 및 건조물침입죄로 처벌'한다는 게 경찰의 공식적인 입장이다. 예를 들어 전동차 차량 기지에 허락 없이 들어가 몰래 전동차에 그림을 그리고 나온다면 낙서를 한 행위는 재물손괴죄로,

몰래 들어간 행위는 건조물침입죄의 책임을 져야 한다는 뜻이다 (실세로 국내에서 2015년, 2017년에 생긴 일이다). 만약 두 명 이상이 합동해 그래피티를 하다 적발되면 「폭력행위 등 처벌에 관한 법률」상의 공동재물손괴죄가 성립해 가중처벌을 받게 된다.

'사요나라' 그래피티 사건

많은 경우 그래피티는 건조물 소유자의 신고를 시작으로 형사 사건화된다. 하지만 간혹 건조물 소유자의 신고 없이 형사 입건이 이루어지기도 한다. 그런 그래피티는 주로 정치적·풍자적 메시지를 담고 있을 때가 많다. 그 내용이 언론의 관심을 얻게 되면 수사기관이 직접 나서서 조사하기도 하고 제3자의 진정 또는 고발에 의해 수사를 시작하기도 한다.

실제로 2015년 11월 서울 지하철 홍대입구역 인근 공사장의 철제 담장에 일본 전범기를 배경으로 박근혜 전 대통령이 웃고 있는 모습 아래 '사요나라'라고 적은 예술가 A 씨의 그래피티가 건조물 소유자의 신고 없이 형사 사건화되었다. 이 그림은 재물손괴죄 혐의로 경찰에 입건된 이후 검찰의 기소까지 이루어졌다. 1심 재판부는 '피고인이 그래피티를 그린 한진중공업 철제 담장에는 이미 그래피티, 낙서, 전단지, 포스터 등이 존재했지만 방치됐다. 한진중공업이 피고인을 재물손괴 혐의로 고소하지도 않았다. 재물손괴의 고의가 있다고 보기 어렵고 담장의 효용을 해쳤다고도 볼 수 없다'라는 취지로 무죄를 선고했다.

그러나 2심에서 결과가 뒤집혔다. 항소심 재판부는 "한진중공업 직원 진술에 의하면 사전에 그림 그리는 것을 허락한 사실이 없고, 이후 한진중공업이 훼손된 철제 담장을 교체한 것으로 보이는 등 A 씨가 재물의 효용성을 떨어뜨린 점이 인정된다"며 벌금 150만 원의 유죄를 선고했다. 이 판결은 2017년 12월 대법원에서 확정되어 최종적으로 A 작가는 그래피티로 인한 범죄자가 되고 말았다.

예술계와 법조계에서는 이 결과에 대해 많은 의문을 제기했다. 재물손괴죄는 친고죄나 반의사불벌죄가 아니므로 신고가 없어도 처벌할 수 있다. 그렇지만 방치되어 있던 공사장의 철제 가벽에 있던 수많은 낙서와 그림 중 유독 A 작가의 작품만 조사받고 처벌받은 사실로 미루어 볼 때 수사기관이 무언가 특별한 의도를 가졌던 것이 아닐까 하는 의혹도 제기되었다. 가벽의 소유자가 재산권의 침해를 주장한 상태도 아닌데 굳이 처벌의 의미와 필요도 없이 표현의 자유만을 과도하게 제약한 것이 아닌가 하는 의견도 있었다.

법원의 판단에 대한 의견은 찬·반이 맞서며 분분하다. 그래도 언론에 공개된 한진중공업 공사장 관계자의 "다른 업무도 바쁜데 경찰서를 오갈 일이 다신 없게 해달라"는 말을 듣자 하니, A 작가가 뱅크시 같은 대접을 받지 못하고 있다는 사실만은 분명히 알 것 같다. 그렇다면 만약 상황이 급반전되어 문제의 그래피티가 없어서 못 구하는 귀한 대접을 받게 되면 어떨까? 모든 문제가 해결되는 걸까?

'소유권' 대(對) '저작권'

그래피티가 천덕꾸러기 신세를 벗어나 귀한 대접을 받게 되면 그때는 또 다른 법적인 문제가 발생한다. 엄청난 경제적 이익을 가져다주는 그래피티에 대해선 너도나도 자신의 권리를 주장하게 될 터이니 말이다. 이렇게 되면 재물손괴죄는 문제가 아니다. 너도나도 뱅크시가 자기 집 담벼락에 그림을 그려주길 원하는 상황이니 말이다.

이때 생기는 문제는 '소유권과 저작권의 충돌'이다. 소유권과 저작권은 형식상 분리할 수 있는 별개의 권리다. 저작권자는 저작인격권 중 동일성유지권이라는 권리를 갖는다. 작품이 훼손되지 않고 온전히 유지될 것을 주장할 수 있는 권리다. 만일 그래피티가 그려진 건조물의 소유자가 자신의 소유권을 행사해 그 벽 일부를 철거하거나 무너뜨린다면 그래피티를 그린 작가는 동일성유지권이 침해되었음을 주장할 여지가 있다. 이런 충돌 상황은 어떻게 해결해야 할까?

국내의 한 작가가 정부로부터 벽화 제작을 의뢰받은 사례가 있다. 남북을 잇는 경의선 도라산역사 내 벽화는 정권이 바뀐 뒤 여러 이유로 작가와 협의 없이 일방적으로 떼어내 불태워졌다. 이에 작가가 정부를 상대로 저작인격권 등 침해를 이유로 소를 제기했다. 1심에서 법원은 작품의 소유권을 우선시했다. 작품의 소유권이 국가에 있는 이상 작가와의 협의 없이 일방적으로 작품을 철거해도 무관하다고 판단했다. 그러나 2심과 대법원의 결론은 달랐다. 작가의 동의 없는 일방적인 폐기는 '일반적 인격권'을 침해한 위법한 행위라는 것이다. 다만 대법원은 결코 저작권자의 '동일성유지권'이 소유권에 우선한다고 판단하지는 않았다. 이 사건에서는 국가가 직접 의뢰한 그림을 한마디 상의도 없이 소각하여 폐기한 방식이 저작인격권과는 상관없이 '일반적인 인격권'을 침해하여 위법한 것이라는 결론 내렸을 뿐이다.

> "저작물의 단순한 변경을 넘어서 폐기 행위로 인하여 저작자의 인격적 법익 침해가 발생한 경우에는 위와 같은 동일성유지권 침해의 성립 여부와는 별개로 저작자의 일반적 인격권을 침해한 위법한 행위가 될 수 있다."
>
> (대법원 2015. 8. 27. 선고 2012다204587 판결)

따라서 지금까지 우리나라에는 저작권과 소유권이 충돌

했을 경우 무엇이 무엇에 우선한다는 명문의 법 규정이 없을 뿐만 아니라 확립된 대법원의 견해가 존재한다고 보기도 어려운 실정이다. 다만 간접적으로 대법원은 '저작권법상 동일성유지권을 근거로 소유자의 처분행위를 막을 수는 없다'라는 입장이란 정도만 유추해 볼 수 있다.

이론상으로는 소유권과 저작권의 충돌 상황을 논의해 볼 여지가 있지만 실제로 그래피티 아티스트가 자신의 저작권을 보장받는 일은 마치 하늘의 별 따기와도 같다.

뱅크시도 마찬가지다. 뱅크시는 2018년 한 영국의 연하장(카드) 회사인 풀칼라블랙(Full Colour Black)이 자신의 유명한 작품 중 하나인 〈꽃을 던지는 사람〉을 허락 없이 사용하는 것을 저지하기 위해 위 그림에 대한 자신의 기존 상표권을 주장했다. 하지만 EU 지적재산권사무소에서의 2년간의 공방 끝에 뱅크시는 2020년 9월 17일 끝내 패소하고 말았다. 위 기관에서는 '뱅크시가 작가로서 자신의 신원을 밝히지 않았기 때문에 해당 작품의 작가가 누군지 특정할 수 없고, 따라서 배타적인 상표권을 인정할 수 없다'는 연하장 회사 측의 주장을 받아들였다. 엄밀한 의미에서 상표권과 저작권은 별개의 개념이지만 무형의 지적재산권이라는 공통점을 지닌다. 따라서 이 판결이 시사하는 바는 크다. 이제 뱅크시의 작품을 상업적으로 이용할 수 있는 길이 열

chpater 3 - 미술관에서 실수로 작품을 깨뜨렸어요!

린 셈이기 때문이다.

만약 뱅크시가 익명의 화가가 아니었다면 어땠을까? 결론이 달라졌을 것 같다. 상표로서 등록한 경우뿐만 아니라 상표권을 설정하지 않은 경우라도 자신의 저작재산권의 침해를 인정받을 가능성이 높다. 아무래도 연하장 회사인 풀칼라블랙이 뱅크시가 자신의 신원을 공개하며 법정에 나서지는 않을 것이란 점을 적극적으로 활용한 것 같다.

우리 사회에서 그래피티가 사회 문제가 된 역사는 그리 길지 않다. 따라서 명문의 법 규정도 관련 법리를 풀어낸 대법원 판례도 딱히 존재하지 않는다. 이런 애매한 회색 지대는 비단 그래피티뿐만 아니다. 사회가 급변하고 있으니 모든 갈등 상황을 다 법으로 해결할 수도 없고 법으로 해결하는 게 결코 바람직한 일도 아니다. 다수의 사회 구성원이 참여한 토론으로 공론화가 활발히 이루어지기 전에 섣불리 법이 개입하는 일은 지양해야 한다. 섣부른 법의 개입이 우리를 옭아매는 굴레가 될 수 있기 때문이다.

이런 관점에 동의하는 독자들이 계신다면 다시 한번 그래피티의 처벌 기준에 대해 생각해 보면 좋겠다. 어떤 그림은 왜 처벌받아 마땅하고 어떤 그림은 왜 처벌이 부당할까? 나름의 기준을 생각해보자. 나만 그런 사고 실험이 재미있는 건 아니겠지?

유럽의 도시에는 오래된 건축물이 즐비하다. 성당, 예배당 같은 종교 건축물도 워낙 많다 보니 도시가 온통 예술 작품으로 둘러싸인 느낌이다. 외부에 노출된 작품이 많아서 비·바람에 의한 자연적인 풍화 현상도 만만치 않을 것 같다. 건축물 내부의 작품, 가령 벽화라 하더라도 태양 광선에 의해 빛이 바래는 현상을 피할 수 없을 터이다. 하루에도 수백, 수천 건의 수리·복원 작업이 이루어지고 있지 않을까? 그래서인지 우리에게까지도 유럽에서의 예술품 복원을 둘러싼 웃지 못할 사건들이 전해진다.

2012년 스페인의 사라고사주에 있는 작은 마을에서 일어난 복원 참사는 세계적으로 유명하다. 성당 기둥 벽에 그려져 있던 100년 묵은 '에케 호모'(ecce homo·가시관을 쓰고 박해받는 예수)가 80대 마을 주민의 손에 맡겨졌다가 원숭이를 연상시키는 듯한 모습으로 변신했다. 복원 작업을 맡긴 성당의 사제들이 그가 전문가가 아니라는 사실을 미리 알고 있었다는 사실에 마을 사람들이 분노하기도 했다. 2018년 스페인 에스텔라시에서는 16세기에 제작된 조르주 성인 나무 조각상이 원작과 달리 알록달록한 색으로 복원되어 사람들을 충격에 빠뜨리기도 했다. 2020년에도 참사가 이어졌다. 스페인 발렌시아 지역의 수집가가 소장하던 17세기 바로크 시대 화가 바르톨로메 에스테반 무리요의 성모잉태화가 엉터리로 복원돼 논란이 일었고, 북부 도시 팔렌시아의 은행 건물 외벽에 장식된 성모 마리아와 아기 예수 조각상이 엉망으로 변신해 국제적인 망신을 얻기도 했다. 영국 언론지 〈가디언〉은 "가축들 옆에서 미소를 머금고 있던 성모 마리아는 도널드 트럼프 미국 대통령이나 꾸덕꾸덕한 치즈, 스타워즈 시리즈에 나오는 '샌드 피플'을 연상시킨다"고 조롱했다.

예술품 복원 약정은 민법상 '도급' 계약

이렇게 작품을 망쳐 놓으면 어떻게 될까? 저마다 구체적인 사정은 다르겠지만 작품의 복원을 맡긴 사람이 분통 터질만한 일이라는 것은 분명하다. 법적인 책임을 추궁하고 싶을 것이다. 가능할까? 이를 판단하기 위해서는 예술품의 수리·복원을 의뢰하고 대가를 지급하는 계약의 법적 성질에 대해 먼저 살펴볼 필요가 있다.

민법은 우리가 흔히 뭉뚱그려서 '계약'이라고 부르는 것

중 대표적인 유형 15개를 골라 그 규율 방법을 명문화했다(증여, 매매, 교환, 소비대차, 사용대차, 임대차, 고용, 도급, 여행계약, 현상광고, 위임, 임치, 조합, 종신정기금, 화해. 이를 '전형계약'이라 한다). 이 중 예술품의 수리·복원 계약은 기본적으로 민법 제664조의 도급에 해당한다. 이는 별도의 합의로 대금 지급, 하자에 대한 처리 문제, 계약을 해제할 수 있는 사유 등등을 따로 정해놓지 않았다면 민법상 도급의 조문과 법리가 적용된다는 뜻이다. 별도의 합의가 있다고 해도 그 합의를 해석할 때는 민법상 도급의 법리를 적용한다. 이러나저러나 도급 계약의 법리가 끼어든다.

자, 그런 도급 계약은 과연 무엇인가? 도급 계약의 핵심은 '일의 완성'과 '결과'이다. 돈을 받고 남의 일을 해주기는 하지만 일의 완성을 목적으로 한다는 점에서 일당, 주급, 월급을 받고 주어진 시간만 일하는 고용 계약과 다르다. 따라서 일이 제대로 완성되지 않는다면 도급인(일을 의뢰한 사람)은 수급인(의뢰를 받아 일하는 사람)에 대해 기간을 더 들여 나머지 작업을 하라고 요구할 수도 있고, 완성물에 문제가 있다면 책임을 물을 수도 있다. 이를 '수급인의 담보책임'이라고 부른다.

> **민법 제664조(도급의 의의)** 도급은 당사자 일방이 어느 일을 완성할 것을 약정하고 상대방이 그 일의 결과에 대하여 보수를 지급할 것을 약정함으로써 그 효력이 생긴다.

제667조(수급인의 담보책임) ①완성된 목적물 또는 완성 전의 성취된 부분에 하자가 있는 때에는 도급인은 수급인에 대하여 상당한 기간을 정하여 그 하자의 보수를 청구할 수 있다. 그러나 하자가 중요하지 아니한 경우에 그 보수에 과다한 비용을 요할 때에는 그러하지 아니하다.

②도급인은 하자의 보수에 갈음하여 또는 보수와 함께 손해배상을 청구할 수 있다.

③전항의 경우에는 제536조의 규정(동시이행의 항변권)을 준용한다.

실력이 한참 모자란 사람이 덥썩 도급 계약을 체결했다가 엉터리 결과물을 내놓으면 수급인의 담보책임을 피할 수 없다. 직접 고칠 자신이 없다면 다른 사람을 고용해 하자를 보수하든가, 하도급을 주든가, 그것도 어려우면 손해배상을 해주든가 여하간에 책임을 져야 할 것이다.

실력이 출중한 사람이라도 예외는 아니다. 수급인의 하자담보책임은 무과실책임이기 때문이다. 그렇지만 실력이 출중한 사람이라면 애당초 '하자'에 해당하는지 문제부터 다시 살펴보아야 할 것이다. 앞에서 소개한 이미지들은 누가 봐도 재난에 가까운 복원 참사이긴 하지만, 예술품을 보며 느끼는 판단은 극히 주관적이므로 어느 정도의 완성도를 기준으로 삼아 하자 여부를 논할지는 또 다른 문제이기 때문이다. 전문가에 의한 수리·복원의 결과에 대해 어느 정도를 하자로 보아 담보책임을 지울 것인지는 개별 사건에서 매우 치열하게 다투어질 문제다.

엉터리 복원에 대한 민사상 해결은 이 정도만 알아보자. 손해배상을 받는다고 화가 풀리지 않는다. 그렇다면 형사 처벌을 받게 할 수 있을까? 돈을 받고 엉터리 작품을 만들어 놨으니 사기죄가 가능할까? 이는 수급인이 어떤 거짓말을 했느냐에 따라 달라진다. 수급인이 단순히 '제가 그림을 좀 그릴 줄 압니다. 할 수 있을 것 같아요. 한 번 고쳐볼게요. 맡겨주세요'라고 했다면 이를 사기죄의 '기망행위'라고 볼 수 없다. 정확한 사실관계는 잘 모르지만 앞서 소개한 유럽 예술품들의 소유자는 별다른 검증 없이 복원을 맡긴 것 같다. 관련 기사를 찾아봐도 수급인은 '같은 마을의 80대 노인이었다' 정도의 설명만 있을 뿐 수급인이 작정하고 속임수를 써서 계약을 따냈다는 내용도 보이지 않는다. 아마 형사 처벌은 하지 못할 것 같다. 만약 수급인이 자신의 경력과 복원 이력에 대해 구체적으로 거짓말을 하고 도급인이 이를 믿을만한 상당한 근거가 있다면 그때 비로소 사기죄의 성립을 고려해 볼 수 있을 것이다.

이제 국내에서 벌어졌던 복원 사건들도 살펴보자. 앞서 살핀 유럽에서의 복원 참사처럼 남의 일이라 웃으며 볼 수 있는 일들이 아니다. 먼저 2008년 우리에게 큰 충격을 준 숭례문 방화 사건이 떠오른다. 활활 타오르는 숭례문을 뉴스 생중계로 지켜보며 눈물을 흘린 이들이 적지 않다. 타버린 숭례문의 복원 작업에서도 실망스러운 뉴스가 많이 나왔다.

숭례문 복원은 기와, 단청 등 여러 부분의 전문가들이 작업 영역을 나누어 진행했다. 문제는 단청 복구공사에서 발생했다. 중요무형문화재 단청장 홍 모 씨가 전통기법과 도구만을 사용하기로 한 약정을 깨고 사용이 금지된 화학 접착제(아크릴에멀전)과 화학 안료(지당)을 몰래 사용한 것이다.

홍 씨는 값싼 화학 재료를 섞어 사용하고 이 사실을 모르는 건설회사 측에 전통 재료를 사용한 것으로 계산한 비용을 청구해 실제 비용과의 차액 수억 원을 빼돌렸다. 2015년 5월 구속된 홍 씨는 2016년 5월 서울고등법원에서의 2심 재판에서 「특정경제범죄 가중처벌 등에 관한 법률」 위반(사기) 혐의로 징역 2년 6개월을 선고받았고 이 판결은 그대로 확정되었다. 2017년 8월 30일 문화재청은 무형문화재위원회의 심의를 거쳐 홍 씨의 국가무형문화재 보유자 자격을 박탈했다.

문화재 수리의 '자격'과 관련한 사건도 꽤 있다. 「문화재 수리 등에 관한 법률」 제58조는 문화재수리기술자·문화재수리기능자의 성명이나 자격증을 대여하는 행위 및 대여받는 행위를 3년 이하의 징역 또는 3천만 원 이하의 벌금으로 처벌하고 있다. 까다로운 문제는 불법으로 대여받은 자격증을 내세워 지방자치단체로부터 문화재 수리 계약을 따낸 것이 과연 '사기죄'에 해당하는지 여부다.

대법원은 「문화재 수리 등에 관한 법률」 제58조 위반죄와 사기죄의 성립을 별개로 판단해야 한다는 입장이다. 불법 대여 행위는 '문화재 수리의 품질 향상과 문화재 수리업의 건전한 발전이라는 국가적 또는 공공적 법익을 보호법익으로 하는 범죄'이지만 사기죄는 '보호법익인 재산권이 침해되었을 때 성립하는 범죄'이므로 자격증 대여가 있었다고 해서 곧바로 지방자치단체의 재산권이 침해된 것으로 보기에는 무리가 있다는 것이다(대법원 2020. 2. 6. 선고 2015도9130 판결).

쉽게 말하자면 자격증 불법 대여가 있어도 문화재 수리 공사가 계약에서 정한 내용과 기한에 맞춰 정상적으로 이루어지고 완성된 공사에 별다른 하자나 문제점이 발견되지 않으면 별도로 사기죄는 성립하기 어렵다는 취지이다.

왜 이렇게 복잡한 것일까? 앞서 도급 계약에 대한 개략적인 설명에서 밝힌 바와 같이 이런 종류의 수리·복원 계약은 본질적으로 민법상 도급 계약이므로 '일의 완성'과 '결과'의 창출이 제일 중요한 요소이기 때문이다. 불법으로 대여한 자격증이 있더라도 그 대여 행위 자체에 대한 처벌은 별개로 하고, 일이 제대로 완성되었다면 그건 그것대로 따로 평가해야 한다는 의미다. 법률 전문가가 아닌 다음에야 '일의 완성'이라는 개념은 이렇게 알쏭달쏭할 수밖에 없다.

실소가 터져 나오는 유럽의 예술품 복구 참사 이미지에 영감을 받아 쓰기 시작한 글이 문화재수리기술자 자격증 대여와 사기죄의 성립 여부까지 흘러왔다. 결론적으로 예술품 복원 실패에 대한 민·형사 책임은 제대로 된 '일의 완성'이 있다고 볼 수 있는지, 돈을 받아내기 위해 어떤 '거짓말'을 했는지를 자세히 살펴보는 게 핵심일 것 같다.

스페인의 작은 마을에서 2012년 벌어진 '에케 호모' 복원 실패는 오히려 수많은 관광객을 불러들이는 결과를 낳았다고 한다. 비전문가에 의한 복원 참사가 마을에 관광 수입 증가라는 경제적 부흥을 가져다준 아이러니이다. 이것을 과연 '해피엔딩'으로 볼 수 있을지는 의문이다. 다만 이런 기적 같은 엔딩을 매번 기대할 수 없다는 건 분명해 보인다. 그러니 예술품의 수리·복원은 전문가에게 맡기도록 하자. 예술품뿐만 아니다. 몸이 아프면 의사에게 찾아가고 법률문제가 생기면 변호사를 찾아가자.

사이비 조력자들이 일을 더 키울 수 있다. 이렇게 우리는 유럽의 예술품 복원 실패 사례에서 전문가 경시 풍조에 대한 교훈까지도 얻을 수 있다!!

독소조항 없는 문화예술 계약서, 제대로 쓰고 계십니까

- 문화·예술계의 계약서 작성 문화 확립과 독소조항 피하기

회사에 고용되거나 새로 집을 구할 때 우리는 일상적으로 계약서를 마주한다. 작은 규모의 사업장에 파트타임으로 일하는 경우라도 근로계약서를 작성하는 것은 그다지 낯설지 않다. 계약서 작성을 대수롭지 않게 생각하던 사장님들도 아르바이트생들이 '근로계약서 미작성'이라는 「근로기준법」 위반 사항을 고용노동부에 신고해 근로감독관의 조사를 받게 되는 경험들이 쌓이며 인식 개선이 일어난 덕분이다.

그러나 문화·예술계 내부에 계약서를 작성하는 관행의 정착은 아직 요원해 보인다. 정부가 나서서 각종 법령을 제·개정하며 지원금을 주거나 처벌을 하는 등으로 계약서 작성을 독려하기 시작했지만 아직 다른 근로·산업 분야에 비하면 계약서 작성률이 현저히 낮은 실정이다. 조직의 보호를 받지 못하고 개인의 재능을 기반으로 한 1인 창작자들이 절대적으로 많기 때문이다.

예술가 대부분은 계약서 작성에 익숙하지 않은 편이다. 하지만 낮은 계약서 작성률의 진짜 원인은 개별 예술가들에게 있지 않다. 계약서 작성, 그까짓 거 요즘처럼 정보가 널려있는 세상에 마음먹고 국가 기관이나 관련 단체의 인터넷 사이트를 샅샅이 찾아보면 작성하지 못할 이유가 없다. 진짜 이유는 분위기에 있다. 열정을 가진 예술가는 가난해야 한다든지 돈만 밝히면 그걸 어떻게 예술로 볼 수 있냐는 둥 낡은 통념을 이용하는 '갑'이 존재한다. 그리고 서면 계약 운운하면 자칫 까다로운 사람으로 보여 일감을 놓치게 될까 전전긍긍하는 '을'인 예술가들이 존재한다. 이런 분위기가 두루뭉술한 몇 마디의 말로 일을 시작하게 만드는 것이다.

계약서를 작성하지 않으면 어떤 일이 생길까? 말하나 마나 우린 이미 알고 있다. 주최자·고용주는 '다른 배우로 교체되었으니 내일부터 나올 필요 없다'라고 하거나, 말로 약속한 보수에 미치지 못하는 금액을 지급하거나, 그나마도 정해진 지급 시기가 없으니 차일피일 미루기만 한다. 명시적으로 정해진 근로 시간과 기간이 없으니 수시로 이미지를 한 컷 더 그려달라고 하거나 '프레스 콜'이라는 명목으로 당초 예정에 없던 무대에 한 번 더 오르라고 한다. 이는 계약서를 전혀 쓰지 않은 경우뿐만 아니라 지나치게 간단한 계약서를 작성했을 때도 똑같이 문제 될 수 있다.

그런데 적정한 분량의 계약서를 쓴다고 다 해결되는 것도 아니다. 대개 계약서에 '갑'으로 표시되는 기획사나 작품을 게시하는 인터넷 플랫폼 회사 등이 먼저 양식화된 계약서를 제시하는데 이를 자세히 살펴보면 '을'인 예술인에게 일방적으로 불리한 독소조항이 숨어있는 경우가 많다. 구체적으로 어떤 조항들이 문제를 일으킬까? 이번 글의 주된 목표이다. 독소조항 알아보기. 몇 가지 예를 살펴보자.

1. 공평하지 않은 지체상금 조항

지체상금은 지연 배상금을 의미한다. 보통은 예술인이 제공하는 용역(의상 납품, 무대 설치, 이미지 제공 등등)이 정당한 이유 없이 제때 이루어지지 않을 경우를 대비해 이행지체에 대한 패널티 및 손해배상으로서 계약서에 기재되어 있다. '계약금액 × 지체된 날 수 × 약정된 지체상금 비율(%) = 지체상금 액'이다.

문제는 반대로 기획사 측의 대금 지급에 대한 지체상금 약정은 없는 경우이다. 계약금, 중도금, 잔금의 지급이 늦어지면 회사도 그에 대한 지연손해를 배상해야 마땅하다. 계약서를 살펴보고 '을'에게 부과되는 지체상금 조항만 있고 '갑'이 부담하는 지체상금 조항이 없다면 공평하게 계약 조건의 수정을 요청해야 한다.

2. 저작권의 일괄양도 조항

내가 검토했던 다양한 계약서에는 '공연과 관련한 스틸사진, 영상물, 녹음물에 대한 저작권 관련 일체의 권리를 갑에게 양도한다'는 식의 저작권 일괄양도 조항이 심심치 않게 존재했다.

2차저작물작성권을 포함하는 저작재산권의 일괄양도 계약의 대표적인 예로 백희나 작가의 동화책 『구름빵』 사건이 있다. 이 사건은 이미 이 책 'chapter 2'에서 자세히 살펴봤다. 요약하자면 이런 저작권 일괄양도 약정은 원저작권자인 창작자에게 불리한 경우가 많다는 것이다. 비공식적으로 4,400억 원을 부가가치를 올렸다고도 보도된 『구름빵』의 경우(다만 해당 출판사는 이 수치를 부정했다), 출판계의 매절 계약 관행으로 인해 작가는 고작 1,850만 원(계약 당시 850만 원, 10만 부 이상 팔리면서 추후 1,000만 원)을 받았다. 대법원까지 이 사건에서 저작권 일괄양도 조항의 유효성을 인정해 출판사의 손을 들어 주었으니, 현재로서 저작권의 일괄양도 문구는 계약서에 기재된 이상 효력을 발휘한다는 것이 분명하다.

그렇다면 저작권 관련 계약 조항은 어떻게 써야 할까? 일단은 문화체육관광부가 고시한 표준계약서의 관련 조항을 참고하는 것이 좋을 것 같다. 표준계약서에 관해서는 뒷부분에서 더 언급하겠다.

3. 비밀유지의무 조항

계약서에는 '본 예술 용역 계약과 관련한 일체의 정보를 제3자에게 누설해서는 안 된다'는 조항도 빠지지 않고 등장한다. 이 조항 때문에 많은 예술인이 선배나 법률 전문가에게 자문을 구하는 것조차 두려움을 느낀다. 비밀유지라는 것은 경쟁 사업자에게 영업상의 비밀을 제공하지 말라는 의미일 뿐인데 '갑'은 이를 자신에게 유리하게 곡해하여 법률 자문이 불가능한 것처럼 은근히 겁을 준다. 이미 체결한 계약서에 이런 조항이 있다고 하더라도 법률 자문을 위해 내용을 공개하는 것은 문제 되지 않는다. 그렇지만 이런 조항은 그 존재만으로도 예술가들에게 심리적인 부담으로 작용하기 때문에 처음부터 그 문구를 '영업상의 비밀에 해당하는 정보를 경쟁사 등 관련 종사자에 제공해서는 안 된다'는 정도로 순화할 필요가 있다.

4. 애매한 문구의 일방적 해지 조항

자주 악용되곤 하는 조항이다. "을'이 대내외적으로 불미스러운 행동이나 사건에 연루될 경우 '갑'의 의사표시로 계약을 해지할 수 있다'는 문구가 한 예이다. 유명 연예인도 이런 조항으로 인해 종종 소속사와 계약해지 및 손해배상 소송 등에 휘말리곤 한다. 이 경우 '불미스러운'과 같은 모호한 문구는 '형사 사건으로 입건되는 등 정상적인 계약의 이행이 불가능하다고 판단될 경우'라는 식으로 구체화할 필요가 있다.

나아가 해지 이전 시점까지의 보수는 어떤 식으로 산정하여 받을 것인지도 미리 정해두는 것이 좋다. 해지 이전에 이미 작품을 상당 부분 만들어 놓아 그 부분이 '갑'에게 이득이 될때도 있고, 반대로 갑자기 맡은 배역에 공백이 생겨 대체 인력을 찾느라 '갑'에게 손해가 생기는 경우 등 해지 이후의 이해관계는 매우 다양하기 때문이다.

5. 손해배상의 연대책임 조항

연대책임은 가령 A, B, C 세 사람이 공동으로 손해를 배상해야 할 책임을 지는 경우 A와 B가 지급 능력이 없을 때 C 혼자서 손해액 전액을 다 배상해야 하는 책임이다. C가 나중에 A와 B에게 그들의 몫을 요구하든 말든 그건 A, B, C 내부적인 문제일 뿐이다.

예술 용역 계약서에서 '계약의 이행과 관련하여 '갑'에게 손해가 발생할 경우 '을'은 공동 작업자와 연대하여 그 손해를 배상한다'라는 문구가 있을 때, 과연 그 '공동 작업자'가 하나의 그룹으로 묶일 수 있는지 판단이 필요하다. 어느 정도 분리할 수 있는 성질의 작업이라면 각자의 책임 소재를 파악한 후 그에 상응하는 손해배상 책임만을 지는 것이 공평하기 때문이다. 이런 연대책임 조항이 있다면 삭제하거나 '손해배상은 이 계약이 정하는 업무 영역에서 발생한 부분에 한해 '을'에게 책임이 있다'라는 식으로 수정할 필요가 있다.

독소조항이 있는 줄 모르고, 혹은 있다는 것을 뻔히 알면서도 계약서에 서명을 하는 이유는 너무나 현실적이다. 업계에서 까다롭고 건방진 사람으로 소문나고 싶지 않아서 또는 이 계약을 잘 유지해서 앞으로도 계속 거래를 하고 싶기 때문이다. 월 소득이 일정치 않은 많은 문화예술인의 경우에는 '물 들어올 때 노 저어야' 하기에 상대방이 내미는 계약서를 받아들자마자 서명을 하곤 한다.

변호사로서 매우 부끄러운 고백을 하자면 나도 온라인상 칼럼 게재에 관한 '콘텐츠 제공 계약서'에 그런 식으로 서명했다. 파스타랑 피자를 먹으면서 그 자리에서 후르륵 읽어보고 뚝딱. 고작 석 장짜리 계약서니까 눈으로 쓱 훑고 내용을 다 파악한 듯 잘난 척을 하고 싶었던 게 분명하다. 돌아서서 나오니 부끄러워졌다. 그래서 만약에 다시 계약서를 쓰는 상황이 벌어진다면 그땐 반드시 담당자와 만나기 전 미리 계약서 초안을 이메

일로 보내 달라고 한 뒤, 필요한 문구를 수정하여 다시 이메일로 보내 상대방 회사가 검토할 시간을 주고 어느 정도 협의가 된 상태에서 직접 만나겠다고 마음먹었다. 그리고 실제로 이 책의 출판에 대한 계약 교섭 과정에서는 그렇게 했다. 문화·예술 종사자뿐만 아니라 많은 이가 다양한 영역에서 이런 방식으로 교섭을 하면 좋겠다.

백세희 변호사의 조언대로 계약서 초안을 이메일로 보내 달라 하고 받아 놓긴 했다. 그런데 계약서 문구가 낯설어서 어디부터 손을 대야 할지 감이 오지 않는다면 어떻게 할까? 그럴 땐 문화체육관광부가 고시한 20개 분야의 표준계약서를 참고하면 도움이 된다. 문화체육관광부 홈페이지에서 '자료공간' 탭을 찾아 '표준계약서'를 클릭하면 찾을 수 있다. 이 중 본인의 계약과 비슷한 성질의 표준계약서를 찾아서 상대방이 보낸 계약서와 비교해 보자. 본인의 계약이 표준계약서에 딱 들어맞는 유형이 아닐 수도 있다. 그럴 때는 기본적으로 내가 해야 할 일의 범위를 명확히 한정하고 앞서 언급한 독소조항이 있는지 확인하는 방법으로 계약서를 정리하면 된다.

다만 아쉽게도 표준계약서 자체도 완벽한 것은 아니다. 저작권에 대해서는 비교적 상세하고 공정한 규정이 있으나 근로기준이나 산재의 처리 등 노동자성을 보장하는 조항들은 미비한 경우도 있다. 하지만 다행스럽게도 표준계약서라고 고치지 못하는 것도 아니다. 표준계약서는 말 그대로 하나의 '모범 답안'으로서의 예시일 뿐이므로 얼마든지 구체적인 상황에 맞게 고치거나 추가할 수 있다.

　독소조항 없는 공정한 계약이 궁극적인 목표지만 일단은 그 선결 조건으로 문화예술계에 계약서를 쓰는 관행이 정착되는 것이 우선이다. 개선해야 할 부분이 비단 이것뿐이겠냐마는 그래도 예술이 법의 보호를 받으려면 일단 객관적인 뭔가가 필요하다. 그게 계약서다. 그러니 여러분, 계약서를 쓰고 싶다고 당당하게 말합시다.

CHAPTER 4

어디까지 알고 있나요?

공연 보이콧, 정당한 소비자 운동일까, 권리의 남용일까

- 공연·전시의 불매운동과 민·형사상 책임

요즘 소비자는 단순히 물건 사주는 사람들이 아니다. 요 몇 년 사이에 뜨겁게 떠오른 소비 성향은 이른바 '정치적 소비자 운동' 또는 '정치적 소비주의'라는 말로 표현할 수 있다. 좀 어렵다. 쉬운 말로는 '착한 소비'라고도 한다. 많은 이가 윤리적으로 문제 있는 기업에는 단 한 푼도 쓰고 싶지 않다고 생각한다. 이 생각을 실천으로 옮기면 보이콧, 즉 불매운동이 된다. 소비의 전 분야에서 불매운동은 이제 더 이상 특별한 일이 아니다.

우리는 언제 불매운동이 '성공'했다고 말할까. 불매운동 당하는 자가 태도를 바꿔 불매운동을 이끈 다수에 굴복하면 우리가 성공했다고 말한다. 그런 의미에서 성공한 불매운동은 무엇이 있을까? 공연·전시 분야를 중심으로 살펴보자.

불매운동은 공연 분야에서 활발하다. 2018년 가을에는 그룹 마마무의 콘서트가 팬들의 강력한 반대에 부딪혀 결국 취소되고 말았다. 불매운동을 이끈 주체가 다름 아닌 마마무의 팬클럽이라는 점이 주목할 만했다. 그들은 마마무가 짧은 기간 무리한 일정을 강행하고 있다며 소속 가수를 혹사하는 콘서트 일정은 반드시 변경되어야 한다고 주장했다. 이런 보이콧에 대해 마마무의 소속사는 콘서트 일정을 예정대로 진행하겠다고 말했다가 더 큰 반대에 부딪혀 결국 공연 자체를 취소했다. 팬들은 이 사건을 '불매운동을 통해 아티스트를 지켜낸' 성과로 여긴다.

그룹 엠씨더맥스의 멤버 이수에 대한 불매운동은 오랜 기간에 걸쳐 꾸준히 진행되고 있다. 그는 2009년 공익근무요원 복무 당시 인터넷 사이트를 통해 여중생을 성매매한 혐의로 기소유예 처분을 받았다. 이 소식이 알려진 이후 그가 출연하려는 방송과 공연은 지금까지도 수많은 이의 반대에 부딪혀 번번이 좌절되고 만다.

2016년 뮤지컬 〈모차르트!〉의 하차가 대표적이다. 이수의 캐스팅이 알려지자 뮤지컬 팬들은 제작사 EMK를 비롯해 위 뮤지컬의 저작권을 가지고 있는 오스트리아 빈 극장협회(VBW), 모차르트 재단과 공연이 개최될 예정인 세종문화회관, 서울시, 아동인권보호센터 등 많은 기관에 민원을 접수했다. 온라인상의 하차 서명 운동과 하차 광고 운동을 위한 모금 활동, 〈모차르트!〉 예매 취소 인증, 더 나아가 제작사 EMK가 올리는 다른 뮤지컬에 대한 예매 취소까지 이루어졌다. 결국 이수는 하

chapter4 - 어디까지 알고 있나요?

차했다. 지금까지도 그가 출연한다는 각종 음악 페스티벌과 공연은 보이콧 운동에서 자유롭지 못하다.

전시 분야에도 가끔 불매운동이 일어난다. 2019년 8월 일본 아이치현 나오야시 아이치예술문화센터에서 열린 '표현의 부자유전 - 그 후'에 출품된 <평화의 소녀상>이 개막 사흘 만에 전시를 중단당했다. 방화 협박까지 감행하는 일본 우익 단체의 강력한 항의로 주최 측이 소녀상 앞에 3m 높이의 벽을 설치해 작품을 가려버린 것이다. 이후 이 전시에 작품을 출품했던 우리나라와 외국 작가들이 전시 보이콧을 선언했다. 전시 중지 이후 일본 사회 내에서는 표현의 자유에 대한 논의가 불붙었고 결국 소녀상은 폐막 1주일 전에야 다시 전시될 수 있었다.

누구의 승리라 말할 수 없는 보이콧이었다. 일본 우익 입장에서는 전시의 상당 기간을 막아냈지만 결과적으로 위안부와 소녀상에 대한 대중의 관심이 높아진 부작용이 있었다. 한편 소녀상의 전시를 위해 자신들의 작품 전시를 보이콧한 작가들의 입장에서는 총 두 달 반의 전시 시간 중 고작 일주일 남짓한 기간의 전시를 성과로 얻었을 뿐이다.

그런데 이런 불매운동, 이렇게 적극적으로 해도 괜찮은 걸까? 불매운동은 힘없는 개개인의 목소리를 한데 모아 영향력을 행사한다는 점에서 소비자 주권을 되찾는 긍정적인 효과가 있다. 그런데 한편으로는 기업의 영업의 자유를 제약한다는 문제가 있다. 소비자의 표현의 자유와 기업의 재산권이 부딪히는 것이다.

결론부터 얘기하자면, 예매 취소를 인증하거나 다른 사람에게 불매운동에 참여할 것을 독려하는 행위는 우리 헌법이 인정하는 표현의 자유에 속하는 것으로서 전혀 문제 되지 않는다. 집회에 참여하거나 온라인상의 여론을 주도하는 것도 그 자체로는 위법이 아니다. 어떤 회사가 이런저런 잘못을 하고 있다고 비난하고 물건을 사지 말자고 주장하는 소비자 운동은 정당하다. 나아가 우리 헌법은 소비자 운동에 대해 이렇게 따로 별도의 조문을 두고 있을 정도다.

헌법 제124조

국가는 건전한 소비행위를 계도하고 생산품의 품질향상을 촉구하기 위한 소비자보호운동을 법률이 정하는 바에 의하여 보장한다.

문제는 그 방법이다. 집회에 참여하려면 일단 그 집회가 적법하게 신고된 것이어야 한다. 이는 불매운동만이 아니라 모든 집회에 해당하는 문제다. 어떤 회사를 비난하며 일부로 거짓된 정보를 퍼뜨려서도 안 된다. 다른 손님들이 가게 안으로 들어가지 못하게 물리적으로 막아서는 것도 안 된다. 여기까지는 간단하다. 굳이 불매운동을 들먹이지 않아도 시민 사회에서 당연히 위법으로 여기는 행동들이다.

복잡한 문제는 직접 그 회사의 물건이나 용역의 구매를 보이콧하는 것을 넘어서 그 회사가 제3자와 맺고 있는 거래 관계에 개입할 때 생긴다. 거래처에 위협을 가하면 어떻게 될까? 여기엔 불매운동계의 전설적인 사건과 판례가 있다. 불매운동이 민사소송으로 번져 법정에 가게 되면 거의 모든 판결이 이 사건을 언급한다. 바로 1996년 팝의 황제 마이클 잭슨의 내한공연 불매운동 사건이다. 자세히 살펴보자.

1996년 10월에 마이클 잭슨의 국내 공연이 있을 것이라는 사실이 언론에 공개됐다. 즉각적으로 사단법인 기독교윤리운동실천본부 등 50여 개의 시민·사회·종교 단체로 결성된 '마이클 잭슨 내한공연 반대 공동대책위원회'(이하 공대위)가 반대 운동을 펼치기 시작했다. 마이클 잭슨의 아동 성추행 스캔들, 외화 낭비, 청소년의 과소비 조장 등을 이유로 삼았다. 공대위는 태원예능과 공연 관련 계약을 맺은 방송사, 입장권 판매 대행사 등에도 소비자 불매운동을 전개하겠다는 항의 서한을 보냈다. 이렇게 불매 협박을 받은 거래처 중 일부가 실제로 태원예능 사이의 계약을 취소했다.

공연은 결국 예정대로 진행됐지만 공연을 주최한 태원예능은 공대위의 불매운동으로 금전적인 손해를 입었다. 입장권 판매 대행 계약을 맺은 은행들이 공대위의 불매운동 협박에 계약을 취소하는 바람에 태원예능이 울며 겨자 먹기로 직원을 직접 뽑아 전화 예매를 받으며 인건비와 광고비 등을 지출했다는 것이다. 태원예능은 공대위의 공동 대표와 간사를 상대로 민사상 손해배상청구 소송을 냈다.

긴 시간 끝에 결국 태원예능은 손해액 중 일부를 받는 판결을 얻었다. 대법원은 소비자 불매운동이 영업권에 제한을 가져온다고 해도 입장권 구매 결정을 소비자들의 자유로운 판단에 맡겼기 때문에 일단 허용된다고 보았다. 하지만 공대위가 태원예능과 거래 관계에 있는 은행들(제3자)을 압박해 계약 파기로 이어졌다면 그 계약에 따른 태원예능의 경제적 이익이 침해된 것으로 정당화될 수 없다고 했다(대법원 2001. 7. 13. 선고 98다51091 판결). 이렇게 소비자 불매운동의 민사상 한계를 설정한 시금석과도 같은 판결이 탄생했다.

마이클 잭슨 내한공연 불매운동 사건은 민사소송으로 마

무리됐다. 공연·전시의 불매운동은 이렇게 민사소송으로 해결하는 경우가 가끔 있을 뿐이고 형사상 고소로 이어지는 경우는 드물다. 대중의 '인기'를 이윤의 원천으로 삼고 있는 업계의 특성상 잠재적 소비자를 범죄자로 만드는 것에 대한 부담 때문이 아닐까 짐작한다. 실제로 마마무 콘서트 보이콧의 경우 그 주체는 마마무를 누구보다 사랑하는 팬클럽이 아니었나? 결코 그들을 고소할 수는 없을 것이다. 물론 마마무의 팬클럽 회원들이 거래처(제3자)를 압박했다는 정황도 보이지 않는다. 그렇지만 이론상 형사 처벌의 가능성이 전혀 없는 것도 아니다.

불매운동이 집단적·지속적으로 항의 전화를 걸어 회사의 업무를 마비시키거나 거래처를 압박해 거래를 끊게 하는 등 도를 넘어설 때는 형사상 업무방해죄, 공갈죄, 강요죄를 생각해 볼 수 있다. 실제로 2008년과 2009년 이른바 '조선·중앙·동아일보 광고 중단 불매운동'에 대해 법원은 불매운동을 주도한 인터넷 카페 운영진과 캠페인 대표에 업무방해죄, 강요죄, 공갈죄를 선고했다.

정리하자면, 단순히 불매운동을 주장하거나 신고된 집회·시위를 하는 건 괜찮지만 특정 개인이나 기업에 구체적인 위력을 가해 거래 행위를 방해하면 민사상은 물론 형사상 책임도 질 수 있다는 게 우리 법원의 태도다.

이 글을 쓰기 위해 인터넷으로 자료를 검색하다가 지역 카페에서 인상 깊은 게시물을 발견했다. 유해 물질이 검출된 유아용 매트의 불매운동을 전개하다가 낭패를 겪은 아이 엄마의 글이다. 불매운동은 생각보다 업체에 타격도 없었고 오히려 업체로부터 민사상 방해금지가처분, 형사상 명예훼손죄와 업무방해죄로 고소를 당해 생후 9개월 된 아기를 데리고 가처분 법정에 출석하고 경찰서를 들락거렸다는 경험담이다.

그는 단순히 온라인상에서 해당 제품의 문제를 지적하고 불매를 주장했을 뿐이다. 이제 우리는 앞서 살핀 여러 사례와 판례를 통해 그 정도는 죄가 되지 않는다는 것을 안다. 예상대로 그에 대한 방해금지가처분은 기각되고 명예훼손과 업무방해도 불기소 처분됐다. 업체는 그를 처벌할 수 없다는 사실을 알면서도 순전히 '괴롭힐 목적'으로 고소한 것이라 말했다고 한다.

불매운동을 진행하는 대부분의 선량한 소비자는 죄가 없다. 정당한 피해의 호소나 제품 사용 후기, 불매의 권유 등에 대해 업체에서 부당하게 소비자를 고소한다면 오히려 소비자는 업체에 대해 무고죄나 협박죄로 맞대응할 수도 있다. 물론 제일 좋은 건 단순한 불매운동은 소비자의 정당한 권리로서 죄가 되지 않는다는 점을 소비자와 기업이 함께 인식하는 것이다. 그래서 아예 공권력에 기대지 않고 해결하는 게 제일 좋다. 이 글이 그런 인식의 확산에 도움이 되면 좋겠다.

1,000만 원이나 주고 배워 온 내 비법, 만천하가 다 알게 된다면?

- 레시피의 지적재산법상의 지위

90년대 후반 선풍적인 인기를 끌었던 TV 애니메이션 〈요리왕 비룡〉은 '국하루'라는 중국 음식점에서 요리를 배우던 제자 '장풍'이 스승 '미령'의 요리 비법이 담긴 책을 훔쳐 도망치는 것으로 시작한다. 애니메이션의 원작이 되는 만화책에서는 요리책을 훔치지는 않지만 모든 요리 비법을 다 배워 더는 얻어낼 것이 없다며 금고에 있는 가게 운영비를 모두 털어서 떠난다. 이에 미령은 충격을 받아 앓아눕고 어떻게든 국하루를 다시 일으키고자 그녀의 아들인 '비룡'의 모진 고생이 시작된다.

요리 비법, 조리법, 레시피. 뭐라 불리든 삼시 세끼를 먹고 사는 우리에게는 언제나 초미의 관심 대상이다. 유튜브에서 '암흑의 백종원'이라 불리며 50만여 명의 구독자를 둔 '아하부장'은 이른바 '1,000만 원짜리 레시피'라며 고기집 된장찌개 조리법을 공개했다. 조리법이 1,000만 원? 그런 걸 공개해도 될까? 그러고 보니 얼마 전 나의 지인이 '쿠킹 클래스 수강생이 강사의 레시피를 똑같이 베껴 창업을 했다'며 억울한데 어떻게 막을 수 있는지 문의했었던 기억도 난다. 기억을 좀 더 더듬어 보니 몇 년 전 JTBC 〈냉장고를 부탁해〉라는 예능 프로그램에서는 어떤 쉐프의 레시피가 표절인지 아닌지 한동안 떠들썩했던 것 같다.

음식 레시피는 지적재산권 관련 법의 보호를 받을 수 있을까? 결론부터 거칠게 말하자면 「저작권법」의 보호를 받기는 어렵다. 그렇지만 조금 까다로운 요건을 갖추면 「특허법」이나 「부정경쟁방지 및 영업비밀보호에 관한 법률」(줄여서 「부정경쟁방지법」이라고 한다)의 보호를 받을 수는 있다. 음식 기업의 비법을 갖고 경쟁사로 이직하는 경우에는 형법상 업무상배임죄가 문제 될 수도 있다. 먼저 「저작권법」부터 차례로 살펴보자.

저작권법 제2조(정의) 1. "저작물"은 인간의 사상 또는 감정을 표현한 창작물을 말한다.

조문을 뜯어보면 「저작권법」의 보호를 받는 저작물은 '사상'도 아니고 '감정'도 아닌 바로 '창작물'임을 알 수 있다. 이를 강학상으로는 '아이디어와 표현의 이분법'이라고 한다. 쉽게 말해 표현물은 보호받지만 아이디어는 보호받을 수 없다는 의미다. 우리 대법원도 "저작권법은 구체적으로 표현한 창작적인 표현 형식을 보호하는 것으로서, 표현되어 있는 내용, 즉 아이디어나 사상, 기능 및 감정 자체는 그것이 독창적이라고 하더라도 원칙으로 저작권의 보호대상이 되지 않는다"고 하여 아이디어와 표현의 이분법을 수용한다(대법원 1993. 6. 8. 선고 93다3073 판결 등 다수).

레시피가 바로 아이디어에 해당한다. 아이디어, 절차, 공정, 체제, 조작 방법, 개념, 원칙 또는 발견은 표현물이라 할 수 없어 「저작권법」의 보호를 받지 못한다. 예를 들어 요리책에 수록된 레시피를 베껴 또 다른 요리책을 출간한다면 이는 표현물을 베껴 또 다른 표현물을 만든 것으로서 마땅히 저작권 침해에 해당하는 것이지만, 요리책에 담긴 레시피로 직접 요리를 한 경우는 저작권 침해에 해당하지 않는다. 그 요리의 목적이 상업적인 것이든 아니든 상관없다.

다만 '요리책'이나 '요리 동영상'의 문제는 조금 다르다. 레시피 책은 「저작권법」의 편집저작물로서 보호될 수 있다. 일반적인 도서의 저작권 보호와 같다고 보면 된다. 즉 레시피 책은 창작한 날로부터 저작의 사후 70년간 저작권 보호를 받아 무단으로 복제하거나 전송, 배포, 대여 등을 하는 행위는 저작권 침해에 해당한다. 쉐프가 레시피를 조리하는 모습을 촬영한 영상도 마찬가지다. 이는 영상저작물로 보호된다. 영상을 그대로 복제하여 인터넷 블로그에 업로드하거나 다운로드하는 경우에는 경우에 따라 복제권 및 전송권 침해가 문제 될 수 있다. 그렇다 하더라도 책이나 영상에서 표현을 분리해낸 레시피 그 자체는 보호대상이 될 수 없다.

'어떻게 하면 오늘 저녁 된장찌개를 더 맛있게 끓일 수 있을까' 정도의 문제를 넘어서는 특별한 레시피가 있을 수도 있다. 공장에서 대량 생산하는 음식의 경우 산업적인 권리 보호가 필요할 수도 있다. 이 정도가 되면 「특허법」의 영역으로 들어온다. 공장이 아닌 가정이나 음식점에서 만들기 위해 개발한 레시피라도 산업상 이용 가능성이 인정되고 신규성, 진보성, 명세서 기재 요건 등 특허요건을 만족하는 경우라면 특허를 받을 수 있다.

산업상 이용 가능성이라고 하면 미생물 차단공법 등 부패 차단기술 같은 것들을 떠올릴 수 있다. 이런 기술이 특허를 받을 수 있다는 점은 쉽게 예상할 수 있다. 그러나 레시피 그 자체가 특허를 받는 과정은 쉽지 않다. 특허 출원의 요건 중 하나인 '신규성'이라는 측면에서 볼 때 이미 알려진 조리법이 아니라는 사실을 증명해야 하고 '진보성'이라는 측면에서는 동종 기술 분야에서 쉽게 만들어낼 수 없을 정도의 기술이 개입되어야 한다. 단순히 '여기에 키위 드레싱을 한 스푼 넣는 것이 바로 비법입니다!' 정도로는 어림도 없다는 뜻이다.

공개되는 것이 꺼려진다는 측면에서 생각해 보면 특허 출원보다 「부정경쟁방지법」상의 '영업비밀'로서 보호를 받는 것이 더 적합할 수도 있다. 특허는 공개를 전제로 하여 일정 기간만 배타적이고 독점적인 권리를 인정해 주는 것이기 때문이다. 공개되는 것을 원치 않고 아무리 시간이 오래 흘러도 계속 비법을 간직하고 싶다면 특허는 적절치 않다.

오랫동안 비밀로 간직한 레시피의 대표적인 사례가 바로 '코카콜라'이다. 코카콜라의 제조 방법은 영업비밀로서 보호되고 소수의 인원만이 제조 방법을 알고 있다. 우리나라에서는 '남가네 설악추어탕'의 레시피를 영업비밀로 인정한 사례가 있다. 법원은 "봉지에 쓰인 공개된 내용물 함량표시만으로는 제맛을 낼 수 없다"라며, "동일한 재료를 사용하더라도 재료의 배합 비율, 조리 방식 및 순서 등을 달리함으로써 다른 추어탕과 차별적인 맛을 나타낼 수 있으므로 남가네 설악추어탕의 제조 방법은 영업비밀로 인정된다"는 판단을 했다(서울중앙지방법원 2011. 10. 27. 선고 2008가합100089, 2011가합63425 판결).

여기서 법원이 영업비밀이 되기 위한 요건으로 든 것이 무엇인지 살펴볼 필요가 있다. 법원은 "남가네 설악추어탕은 공장 소스 배합실을 출입통제구역으로 지정해 관리하고 제조를 담당하는 직원들에게 비밀유지 서약서를 받는 등 추어탕 제조 방법을 비밀로 유지하기 위해 상당한 노력을 기울인 것으로 보인다"는 사실을 인정했다. 이 부분이 영업비밀성의 핵심이다. 「부정경쟁방지법」이 보호하는 영업비밀이 되기 위해서는 경제적 유용성을 가진 정보를 비밀로서 지키기 위해 '합리적인 노력'을 기울여야만 한다. 구체적으로는 보관 책임자의 지정, 보안장치나 보안 관리규정의 제정, 비밀로서의 분류 및 표시, 해당 정보에 대한 접근금지 및 제한에 관한 조치 등이 필요하다.

합리적인 노력의 측면에서 〈요리왕 비룡〉의 케이스를 살펴보자. 국하루의 주인 미령이 요리 비법을 비밀로 유지하기 위해 장풍에게 서약서를 받고, 요리책을 금고에 잘 보관하고, 장풍이든 비룡이든 누구든 보안 책임자로 지정하고, 어떤 경우에 그 요리책을 꺼내어 볼 수 있는지 규칙을 정하는 등 구체적인 노력을 기울였다면 전개가 달라졌을 수 있다. 물론 제2화부터는 변호사와의 상담이라는 지루한 얘기만 나오게 되겠지만 말이다.

이번 글에서는 주로 레시피를 이야깃거리로 다루어봤지만 이런 아이디어/표현물의 이분법 논의는 예술계 전반에 걸쳐 문제 된다. 예술가의 어떤 독특한 스타일이 법적 보호를 받을 수 있을까? '스타일'이라는 것은 어떤 컨셉이나 아이디어일 뿐 그 자체로는 표현물이 될 수 없으므로 「저작권법」의 보호를 받지 못한다. 특허는 산업과 기술의 영역으로서 예술 작품의 스타일과는 다소 거리가 멀어 「특허법」의 보호도 기대할 수 없다.

그렇다면 「부정경쟁방지법」의 보호는 가능할까? 「부정경쟁방지법」이 동일/유사한 것의 사용을 금지하는 대상은 '국내에 널리 인식된 타인의 성명, 상호, 상표, 상품의 용기·포장·그 밖에 타인의 상품임을 표시한 표지'이다. 예술 작품의 스타일은 '그 밖에 타인의 상품임을 표시한 표지'에 포섭될 가능성이 있다. 다만 그러한 표지가 오랜 기간에 걸쳐 특정 작가의 상징으로 계속적·독점적으로 사용되어 일반 수요자들이 보기에 해당 표지가 특정 작가의 상징으로 인식될 수 있을 정도의 강한 식별력을 갖추어야 한다. 이 요건을 갖춘다면 예술가의 스타일도 제한적이나마 보호받을 수 있다.

부정경쟁방지 및 영업비밀보호에 관한 법률 제2조(정의) 이 법에서 사용하는 용어의 뜻은 다음과 같다.

1. "부정경쟁행위"란 다음 각 목의 어느 하나에 해당하는 행위를 말한다.

가. 국내에 널리 인식된 타인의 성명, 상호, 상표, 상품의 용기·포장, 그 밖에 타인의 상품임을 표시한 표지와 동일하거나 유사한 것을 사용하거나 이러한 것을 사용한 상품을 판매·반포 또는 수입·수출하여 타인의 상품과 혼동하게 하는 행위

요리 레시피든 작품의 스타일이든 배타적인 권리를 부여

해 준다는 것은 복잡한 문제이다. '하늘 아래 새로운 것은 없다'라는 말도 있지 않은가. 인류가 오랜 기간 쌓아온 경험과 지식을 통해 알게 된 것과 온전히 나 혼자만의 노력으로 알게 된 것의 경계를 명확하게 나누는 것은 불가능에 가깝다. 그런 의미에서 우리 법이 단순한 아이디어는 보호의 대상에서 제외하고 있는 것일 수도 있겠다.

비법이라며 1,000만 원이나 주고 배운 레시피가 사실은 조금만 노력하면 알아낼 수 있는 비밀 아닌 비밀이라면 어떨까. 그건 레시피를 판 사람이 거짓말을 하고 금전을 편취한 것인지 아니면 단순한 고가의 강습 계약에 불과한 것이었는지 따져 볼 문제일 뿐 지적재산권 보호의 문제와는 엮이지 않는다. 공들여 직접 개발한 레시피가 쉽게 다른 사람 손에 넘어가 버리는 일도 억울하고 분통 터지는 일이긴 하지만 그 레시피가 진짜로 어디서 온 것인지는 곰곰이 생각해 볼 문제이다. 그래도 안 되겠다 싶으면 그때는 「특허법」과 「부정경쟁방지법」의 문을 두드려 볼 수 있다. 결과는 장담할 수 없지만 말이다.

우리 헌법이 음란 표현을 보호해 주고 있다고요?

— 예술과 외설과 법의 삼각관계

요즘이야 법이 예술의 후원자 내지는 조력자의 지위를 갖는다는 데에 많은 이가 공감하지만 1990년대까지만 해도 법은 주로 예술의 '규제자'로 인식되었다. 당시에는 법령뿐만 아니라 방송·출판과 관련한 각종 위원회의 내부 규정만으로도 많은 표현이 사실상 금지되었다. 그 이유야 국가보안법 위반, 명예훼손 등 다양하지만 세간의 관심은 풍기문란, 즉 '음란성'으로 인한 소동에 더 쏠리기 마련이었다. 음란한 소설을 썼다는 이유로 대학 교수와 소설가가 수사기관에 구속되던 시절이었다.

옛날이야기처럼 말할 수 있는 세상이 온 것일까? 아니라고 느끼는 사람들도 많을 것이다. 그러나 현재 분명한 것은 연세대학교의 마광수 교수(1951~2017)가 소설 『즐거운 사라』로 서울지검 특수부에 긴급 구속되고 보석 신청마저 기각된 1992년, 소설가 장정일이 『내게 거짓말을 해봐』라는 소설 때문에 구속된 1995년, 연극 〈미란다〉의 여배우가 알몸 연기를 했다는 이유로 연출자가 구속된 2000년과는 그 분위기가 확실히 다르다는 것이다. 음란물에 대한 규제의 필요성은 여전하지만 창작자를 전격적으로 구속하여 수사를 펼치는 시대는 종언을 고한 것 같다.

이런 시대의 변화를 이끄는 것은 예술 표현의 자유에 대한 대중의 인식 변화이다. 그리고 법은 이러한 인식 변화를 제도적·이론적으로 뒷받침하며 정당화한다. 2009년에는 헌법재판소마저 기존의 의견을 변경하였다. 헌법재판소의 견해 변경은 표현의 자유 영역에서 매우 큰 의미를 지니고 있다. 한 시대의 종언을 고하는 선고라 해도 지나치지 않다고 생각한다. 어떤 변경이었는지 간략히 살펴보자.

헌법 제21조 ①모든 국민은 언론·출판의 자유와 집회·결사의 자유를 가진다.

②언론·출판에 대한 허가나 검열과 집회·결사에 대한 허가는 인정되지 아니한다(제3항 생략).

④언론·출판은 타인의 명예나 권리 또는 공중도덕이나 사회윤리를 침해하여서는 아니된다(같은 항 제2문 생략).

우리나라에서 법과 공권력으로 음란 표현을 규제할 수 있는 궁극적인 근거는 헌법 제21조 제4항이다. 위 조항은 '언론·출판은 공중도덕이나 사회윤리를 침해하여서는 아니된다'고 명시하고 있는데, 음란 표현이 바로 공중도덕과 사회윤리를 위협할 수 있는 요소이다. 여기서 법논리적인 의문점이 생긴다. 과연 음란 표현은 헌법 제21조가 규정하는 표현의 자유의 보호 영역에서 처음부터 배제되는 것일까 아니면 일단 보호 영역에는 속하지만 단지 그 정도에 따른 심사와 규제의 대상이 될 뿐인가.

비슷한 말 같지만 법률적으로는 전혀 다른 의미를 지니고 있다. 원칙과 예외의 지위가 서로 바뀌게 되는 문제이기 때문이다. 헌법재판소는 이 문제에 대해 2009. 5. 28. 선고 2006헌바109 결정 등을 통해 전자에서 후자로 견해를 변경했다. 음란물을 처음부터 표현의 자유 보호 영역에서 배제한다면 언론·출판의 자유의 제한이 정당한지에 대한 심사를 받을 가능성 그 자체가 처음부터 막힐 수 있다는 것이 주요 논거이다.

> "음란으로 판단되는 표현을 표현의 자유 보호 영역에서 애당초 배제시킨다는 것은 (중략) 모든 음란 표현에 대하여 사전 검열을 받도록 하고 이를 받지 않은 경우 형사처분을 하거나, 유통 목적이 없는 음란물의 단순한 소지를 금지하거나, 법률에 의하지 아니하고 음란물 출판에 대한 불이익을 부과하는 행위 등에 대한 합헌성 심사도 하지 못하게 됨으로써, 결국 음란 표현에 대한 최소한의 헌법상 보호마저도 부인하게 될 위험성이 농후하게 된다는 점을 간과할 수 없다. 이 사건 법률 조항의 음란 표현은 헌법 제21조가 규

정하는 언론·출판의 자유 보호 영역 내에 있다고 볼 것인 바, 종전

에 이와 견해를 달리하여 음란 표현은 헌법 제21조가 규정하는 언

론·출판의 자유 보호 영역에 해당하지 아니한다는 취지로 판시한

우리 재판소의 의견(헌재 1998. 4. 30. 95헌가16)을 변경한다."

[헌법재판소 2009. 5. 28. 선고 2006헌바109, 2007헌바49, 57, 83, 129(병

합) 전원재판부]

이렇게 우리 헌법은 이제 음란물도 헌법의 보호를 받는
일종의 표현이고, 음란물을 규제하는 것도 표현의 자유를 규제
하는 것이므로 그 규제가 정당한 것인지 매우 엄격하게 판단해
야 한다고 보고 있다. 이러한 견해 변경이 바탕이 되어 우리 사
회에서는 더 이상 음란물에 대한 무자비한 사전 검열과 법률상
직접적·명시적 근거 없는 위원회 차원에서의 각종 불이익은 근
거를 갖지 못하게 된 것이다.

그렇다면 과연 음란물을 판단하는 기준은 무엇일까? 무
엇을 기준으로 '보호받는 표현인 음란물'과 '규제를 통하여 사회
로부터 배척되어야 할 음란물'을 나누는 것일까? 우리 대법원은
이에 대하여 비교적 명확한 기준을 가지고 있다.

"'음란'이라 함은 사회통념상 일반 보통인의 성욕을 자극하여 성적

흥분을 유발하고 정상적인 성적 수치심을 해하여 성적 도의관념에 반하는 것으로서, 표현물을 전체적으로 관찰·평가해 볼 때 단순히 저속하다거나 문란한 느낌을 준다는 정도를 넘어서서 존중·보호되어야 할 인격을 갖춘 존재인 사람의 존엄성과 가치를 심각하게 훼손·왜곡하였다고 평가할 수 있을 정도로, 노골적인 방법에 의하여 성적 부위나 행위를 적나라하게 표현 또는 묘사한 것으로서, 사회통념에 비추어 전적으로 또는 지배적으로 성적 흥미에만 호소하고 하등의 문학적·예술적·사상적·과학적·의학적·교육적 가치를 지니지 아니하는 것을 뜻한다고 볼 것이고, 표현물의 음란 여부를 판단함에 있어서는 표현물 제작자의 주관적 의도가 아니라 그 사회의 평균인의 입장에서 그 시대의 건전한 사회통념에 따라 객관적이고 규범적으로 평가하여야 한다.

'음란'이라는 개념은 사회와 시대적 변화에 따라 변동하는 상대적이고도 유동적인 것이고, 그 시대에 있어서 사회의 풍속, 윤리, 종교 등과도 밀접한 관계를 가지는 추상적인 것이므로, 구체적인 판단에 있어서는 사회통념상 일반 보통인의 정서를 그 판단의 기준으로 삼을 수밖에 없다고 할지라도, 이는 일정한 가치판단에 기초하여 정립할 수 있는 규범적인 개념이므로, '음란'이라는 개념을 정립하는 것은 물론 구체적인 표현물의 음란성 여부도 종국적으로는 법원이 이를 판단하여야 한다."

[대법원 2008. 3. 13. 선고 2006도3558 판결 정보통신망이용촉진및정보보

호등에관한법률위반(음란물유포등)]

　　요약 과정에서의 오해를 최소화하기 위하여 판결문 중 핵심적인 부분을 그대로 인용했다. 요약하자면 ①음란성의 판단 기준은 '보통인', 즉 사회 평균인이며, ②음란성의 판단 대상은 '전체적으로 보아야' 하며 어느 특정 부분만을 놓고 보아서는 안 되며, ③금지된 음란물이 되기 위해서는 '성적 흥미에만 호소할 뿐 하등의 다른 가치를 지니지 않아야' 한다는 것이다. 이는 1990년대부터 확립된 대법원의 판례이다.

　　판결로서는 오랫동안 명확하고 일관된 논지를 펼치고 있지만 실제로 예술가들이나 다른 평범한 사람들이 위 판례를 기준으로 쉽게 음란물인지 아닌지를 결정하기는 어려워 보인다. 많은 이가 자신의 성적 감수성은 평균적이라고 여기고 있을 뿐만 아니라 작품의 가치라는 것도 받아들이는 사람에 따라 너무나 다른 것 아닌가? 대법원의 위 기준은 여전히 모호하게 느껴진다. 자기 나름의 기준이 있다고 해도 그것이 대법원이 제시한 기준에 들어맞는다고 자부할 수 있을까? 어려운 문제이다. 그래서 많은 예술가는 아직도 자기검열의 덫에 스스로를 가둔다. 그 덫은 물론 우리 사회가 만들었지만 공론화와 성숙한 토론을 통해 점차 없앨 수 있을 것이라 믿는다.

우리에게도 잘 알려진 오스트리아 화가인 구스타프 클림트(Gustav Klimt, 1862~1918)와 에곤 실레(Egon Schiele, 1890~1918)는 작가로서 평생을 외설 논란에 시달렸다. 지금 그들의 그림은 어떠한가. 그들을 빼놓고 19세기 후반, 20세기 초반의 유럽 미술을 논할 수 있을까? 당시 시대상이 그랬던 것을 지금에 와서 비난하면 안 된다고 말하고 싶은 이도 있을 거다. 그때는 그 나름의 사정이 있었을 텐데 21세기의 잣대로 재단해서는 안 된다고 말이다. 그렇다면 멀리는 과거 유럽의 마녀사냥부터 가깝게는 친일파나 과거 민주화 이전의 인권 유린은 어떻게 바라볼 것인가. 과거의 야만은 반드시 돌아보아야 하고 개선해야 한다. 예술을 대하는 법의 태도도 마찬가지이다. 보수적인 우리의 법도 이제 예술의 조력자로서의 길을 걷고 있으니 앞으로 더 많은 현명한 대중이 '늦된' 제도를 잘 이끌어 줄 일만 남아 있다.

그림으로 나쁜 돈 만들기:
How to 탈세와 비자금 조성
- 미술품을 이용한 돈세탁의 법률문제들

미술품이 대중의 입에 오르내리는 이유는 여러 가지가 있겠지만 그중 빠지지 않는 것이 바로 재력가에 의한 탈세와 비자금 스캔들이다. 돈세탁(Money laundering), 비자금, 탈세 같은 말들은 언론을 통해 익히 들어왔지만 사실 구체적으로 미술품과 저 무시무시한 악덕(惡德)들이 어떻게 연결되는 것인지 잘 모르겠다. 뉴스 기사를 훑어봐도 '미술품은 재벌들에 의한 탈세와 비자금 조성의 통로로 오랫동안 이용되어왔다'라고만 말할 뿐 자세한 방법은 쓰여있지 않다.

비밀인가? 아니면 이미 다 알고 있는 얘기라 더 말할 필요도 없나? 둘 다 아닌 것 같다. 이유는 모르겠지만 아무튼 지금이 그 비법을 밝혀 볼 기회다. 미술품이 어떻게 돈세탁을 통한 비자금 조성이나 탈세와 엮이는지 살펴보자.

돈세탁이란 무엇인가? 우리 법에서는 '자금세탁행위'라는 용어로 정의한다. 다만 구체적으로 그 뜻을 밝혀내기가 상당히 복잡하다. 「특정 금융거래정보의 보고 및 이용 등에 관한 법률」, 「범죄수익은닉의 규제 및 처벌 등에 관한 법률」, 「마약류 불법거래 방지에 관한 특례법」, 「조세범 처벌법」, 「관세법」, 「특정범죄 가중처벌 등에 관한 법률」을 모두 종합해야 온전한 정의가 나온다. 굳이 우리가 여기서 다 찾아볼 필요는 없을 것 같다. 간단히 '불법적인 재산에 합법적인 거래를 적당히 섞어 결과적으로 자금출처를 은폐함으로써 추적을 어렵게 만드는 행위 일체' 정도로 요약해 이해하자.

그렇다면 미술품은 돈세탁에 어떻게 이용될까? 몇 가지 방법을 살펴보자. 고미술품이 널려 있는 중국에서는 본토에서 자국 서예 작품이나 도자기를 싸게 구입한 뒤 해외에서 높은 가격에 되파는 방법을 쓴다. 전매로 이윤을 보는 것이 무슨 잘못일까 싶지만, 문제는 그 차액(전매이익)을 달러 현금으로 받기 때문에 전혀 기록에 남지 않고 추적도 불가능한 돈이 생긴다는 데 있다. 그 돈은 비자금이 되어 뇌물이나 또 다른 범죄 행위에 투자되곤 한다.

매수인이 매도인과 짜고 일부러 실제 작품의 가치보다 훨

썬 부풀린 금액을 지급한 다음 그 차액을 몰래 돌려받는 방법도 있다. 예를 들어 실제 가치가 2억 원 상당인 작품을 5억 원에 사고 장부에도 5억 원으로 기록한다. 그다음 매도인이 역외 계좌 또는 현금으로 차액인 3억 원을 매수인에게 몰래 돌려주는 것이다. 그러면 3억 원은 비자금이 된다. 만약 금융당국에 적발되면? 매도인과 매수인이 합의해 만든 5억 원짜리 영수증을 제시하면 된다. 금융당국이 끝내 3억 원의 행방을 밝혀내지 못하는 경우도 허다하다.

사정을 모르는 금융기관의 합법적인 대출이 중간에 끼기도 한다. 실제 가치보다 부풀려진 가격에 구입한 그림을 담보로 은행의 대출을 받아 비자금을 조성하는 방법이다. 예를 들어 거래의 당사자들이 모두 짜고 10억 원 상당의 작품을 100억 원에 낙찰받은 다음, 표면상 100억 원이 된 그 작품을 담보로 은행으로부터 100억 원을 대출받는다. 이 과정에서 작품은 실제로 몇 번의 전시회에 소개되며 은행의 의심을 피한다. 이렇게 되면 90억 원의 차액은 갑자기 생겨난 돈이 된다. 언젠가는 그 작품이 진짜 100억 원이 될지 아니면 대출금을 회수하지 못한 은행이 손해를 입게 될지는 당사자들이 알 바 아니다.

기업 자산을 매각할 때 시세보다 낮게 책정한 계약서(일명 다운(down) 계약서)를 써주는 대가로 매수인에게 고가의 미술품을 받고 그 미술품을 팔아 비자금을 조성하는 방법도 있다. 다운 계약이 발각된다 하더라도 미술품이 오간 사실을 밝혀내지 못하면 다운 계약에 따른 과태료만을 부과받을 뿐 이미 조성된 비자금을 찾아내기는 어려울 것이다.

이런 식의 다양한 비자금 조성은 오랫동안 기업들이 애호한 방식이다. 이젠 너무나 고전적인 수법이 되어서 이미 새로운 모델을 사용하고 있을 것 같긴 하지만 말이다. 그렇다 하더라도 큰 틀에서 기업들이 미술품을 이용한 비자금 조성을 관둘 것 같지는 않다. 기업이 미술품에 투자하는 것은 표면적으로 오너 일가의 '예술 애호'라는 고상한 취미로 비칠 뿐만 아니라 기업 이미지 제고에도 도움이 되기 때문이다. 그뿐만 아니다. 세금도 줄일 수 있다. 탈세에 대해서는 항을 바꿔 살펴보자.

탈세의 수단

미술품 거래는 그 어떤 재화와 비교해도 월등한 탈세 효자다. 부동산 거래와 비교해보자. 부동산은 사고팔 때 취득·등록세를, 보유 자체로 재산세를, 팔아서 차익을 남기면 양도소득세를 낸다. 자녀에게 물려주려면 증여·상속세를 낸다. 그렇지만 우리나라에서 미술품 거래는 작품의 가격과 상관없이 취득세·등록세 등 각종 세금 및 관세가 면제된다. 부동산이나 자동차처럼 등기·등록을 하지 않아 취득세 부과의 근거가 없고 보유 규모를 파악하기 어려워 재산세도 부과할 수 없기 때문이다. 2013년 이전까지는 미술품을 팔아 남긴 차익에 대해 양도소득세조차도 부과되지 않았다.

우리나라는 토지는 물론이고 무허가 건물, 미등기 건물의 양도차액에 대해서도 양도소득세를 부과한다. 분양권, 주식, 회원권 등도 마찬가지다. 그런데 오래전부터 투자상품으로 애용되어 온 미술품에 대해서는 유독 양도소득세가 부과되지 않았다. 이에 대해 형평성을 위해 개인 소장자의 예술품의 양도 소득에도 세금을 부과해야 한다는 의견과 제도의 실효성에 의문을 표하며 나아가 예술품 시장의 위축을 막기 위해 양도소득세 부과에 반대하는 의견이 팽팽히 맞섰다. 1990년부터 제정, 유예(시행연기), 폐기, 재제정을 거듭하고 갈피를 잡지 못하던 미술품 양도소득세 제도는 2013년에서야 비로소 시행되었다.

소득세법 시행령 제41조(기타소득의 범위 등) ⑭법 제21조 제1항 제25호에서 "대통령령으로 정하는 서화(書畵)·골동품"이란 다음 각 호의 어느 하나에 해당하는 것으로서 개당·점당 또는 조(2개 이상이 함께 사용되는 물품으로서 통상 짝을 이루어 거래되는 것을 말한다)당 양도가액이 6천만 원 이상인 것을 말한다. 다만, 양도일 현재 생존해 있는 국내 원작자의 작품은 제외한다.

1. 서화·골동품 중 다음 각 목의 어느 하나에 해당하는 것

가. 회화, 데생, 파스텔(손으로 그린 것에 한정하며, 도안과 장식한 가공품은 제외한다) 및 콜라주와 이와 유사한 장식판

나. 오리지널 판화 · 인쇄화 및 석판화

다. 골동품(제작 후 100년을 넘은 것에 한정한다)

2. 제1호의 서화 · 골동품 외에 역사상 · 예술상 가치가 있는 서화 · 골동품으로서 기획재정부장관이 문화체육관광부장관과 협의하여 기획재정부령으로 정하는 것

하지만 미술품에 대한 양도소득세 제도는 실효성이 없다는 지적을 받고 있다. 이미 사망한 작가의 6,000만 원 이상의 작품에 대해서만 양도소득세를 부과하는데, 차액의 90%까지를 필요 경비로 인정해 공제하기 때문에 사실상 세금액은 매우 적다는 것이다. 액수의 문제는 차치하고라도 가장 큰 문제는 거래가 있는지 그 자체를 파악하기도 어렵다는 점이다. 증여세·상속세의 경우도 크게 다르지 않다. 거래 자체가 포착되지 않으면 누가 언제 미술품을 구매해서 자녀에게 언제 넘겨주었는지 알 길이 없다.

미술품은 부피가 비교적 작아 운반이 쉬운 반면 작품 하나의 개별 가격은 어마어마한 경우가 많다. 큰돈이 쉽게 움직이는 데 나라에서 떼어 가는 세금은 매우 적거나 사실상 없다고 보아야 하니, 사업상 거래에 미술품을 대납(代納)하는 방법 등을

이용하면 꽤 쏠쏠한 돈을 절약(?)할 수 있을 것 같다. 이런 생각으로 미술품을 탈세에 이용하는 것이다.

　　많고 많은 재화를 놔두고 유독 미술품이 돈세탁과 탈세에 이용되는 이유는 무엇일까? 앞서 중간중간 언급한 바 있지만 가장 큰 원인은 거래 자체를 포착하기 어렵다는 데 있다. 우리나라는 부동산이나 기계·자동차의 경우에 등기·등록제를 운영한다. 따라서 소유자가 바뀌거나 담보를 설정하는 모든 거래행위가 공적 장부에 기록된다. 반면 미술품은 그런 공적인 거래 장부가 존재하지 않는다. 해외 작품이라면 통관 기록이 남아 이를 바탕으로 작품의 이동을 추적할 여지가 있지만 국내 작품의 경우에는 현재 소유자를 확인하기도 어렵다.

　　게다가 미술품 거래를 중개하는 갤러리는 고객의 거래 정보를 철저히 비밀로 하는 걸 미덕으로 삼고 있다. 미덕 수준에 머무는 것이 아니라 거래 정보를 유출하면 미술 시장에 발붙이지 못할 정도다. 갤러리나 경매회사와 같은 중개인들은 특별한 면허나 자격을 요건으로 하는 것도 아니어서 시장에서 살아남기 위해 철저히 수요자 중심의 운영을 할 수밖에 없다. 그러니 중개인들이 미술품의 음성적 거래에 대한 1차적 안전망이 되길 기대할 수도 없는 실정이다.

　　나아가 미술품의 가치 산정이 주관적이라는 점도 큰 원인이다. 동일한 물건이 없어서 적정한 시장 가격을 책정하기 어렵다. 따라서 과세당국이 매수인과 매도인이 표면상 합의한 매매 대금이 과소한지 거품인지를 판단할 명확한 근거를 마련하기도 힘들다. 미술품의 객관적 가치 산정을 위한 감정평가사가 등장 하고는 있지만 아직은 시작에 불과하다.

이런 문제를 해결하기 위해 정부는 2017년 「미술품의 유통 및 감정에 관한 법률」을 제정하려 했다. 하지만 미술계의 반대와 행정부처 사이의 이견으로 흐지부지되어 현재까지 이렇다 할 관련 법이 존재하지 않은 실정이다. 미술계는 정부가 그렇지 않아도 작은 규모의 국내 미술 시장을 고사시키고 자본주의 시장 질서를 통제하려는 저의를 갖고 있다고 비판한다. 이에 대해 정부 측에서는 이렇다 할 시원한 답변도, 관련 법 제정에 대한 강력한 의지도 보이지 않아 애매하게 시간만 흐르는 상황이다.

지금처럼 미술품이 가진 자의 비자금 조성과 탈세의 수단 으로 계속 인식된다면 결국 사회 전체가 미술품 거래를 부정적으로 바라보는 결과를 피할 수 없다. 그런 상황에서 미술 시장이 활성화되길 기대하는 것은 무리일 것 같다. 미술계와 정부가 더 많은 대화를 나누면 좋겠다. 장기적인 안목에서 미술 시장을 내다보아야 미술계도 흥하고 정부도 세수를 확보할 수 있지 않을까.

독점 출간이라면서? 그런데 왜 이렇게 많은 것일까
- 한 끗 차이로 결정되어버린 저작권의 보호기간

　　최소비용을 들여 최대효과로 교양을 쌓고 싶은 현대인들이 전략적으로 선택할 수 있는 방법은 뭘까. 바로 고전을 읽는 것이다. 게다가 인구에 회자 되는, 누구나 한마디씩 걸치는 '그 책'이라면 웬만해선 읽어둬야 할 것 같은 의무감이 생기게 마련이다. 그래야 어느 자리에서건 뒤처지지 않고 대화에 참여할 수 있을 것 같다는 생각에서다.

　　나는 책을 고르기 위해 종종 유명 포털 사이트의 '지식인의 서재'를 참고한다. 그중에서 여러 지식인이 추천했다는 올더스 헉슬리(Aldous Huxley, 1894~1963)의 『멋진 신세계』가 눈에 들어왔다. 서점에 가서 고른 하얀색 책은 디자인이 깔끔해서 손에 쥐고만 있어도 세련된 교양인이 된 느낌이 들었다. 책 표지에는 "번역의 대가 아무개의 최신 완역판, 독점 출간"이라는 띠까지 둘러 있었다. 잘 고른 것 같다. 독점 출간이라니. 올더스 헉슬리가 생각보다 옛날 사람은 아닌가 보다.

그런데 주위를 둘러보니 다양한 출판사에서 이 책을 냈다. 언뜻 봐서 표지가 촌스럽거나 세련되었거나 혹은 별 특징 없거나 하는 정도의 차이가 있긴 한데 출간된 숫자가 꽤 많다. 그러고 보니 내가 골라든 책은 분명히 '독점 출간'이라고 하지 않았나? 이런 상황이라면 독점 출간이라는 표현이 도대체 뭘 의미하는지 모르겠다. 다른 고전들을 살펴봐도 역시 다양한 출판사들이 저마다 번역본을 내놓았고 독점 출간이라는 표현을 하며 경쟁하는 모습이 눈에 띄었다.

혹시나 하는 마음에서 처음 집어 든 『멋진 신세계』의 속지를 넘겨봤다. "Copyright ⓒ 1932, 1946 by Aldous Huxley, All rights reserved. (중략) 이 책은 …를 통한 저작권자와의 독점계약으로 …에서 출간되었습니다"라고 쓰어있기까지 하다. 독점이 맞는 것 같네? 그렇다면 다른 출판사의 『멋진 신세계』는 모두 저작권을 침해한 불법 서적일까?

> **저작권법 제39조(보호기간의 원칙)** ①저작재산권은 이 관에 특별한 규정이 있는 경우를 제외하고는 저작자가 생존하는 동안과 사망한 후 70년간 존속한다.
>
> ②공동저작물의 저작재산권은 맨 마지막으로 사망한 저작자가 사망한 후 70년간 존속한다.

이 문제는 저작권의 보호기간에 대한 몇 차례의 국내법 개정과 외국인 저작물의 보호에 관한 국제 조약의 가입 등과 관련이 있다. 여러 가지 쟁점들을 제쳐 두고 제일 먼저 생각해 볼 수 있는 것은 현행 「저작권법」이 인정하는 저작권의 보호기간이다. 「저작권법」 제39조는 저작자의 생존 기간과 사망 후 70년까지 저작자의 저작재산권을 보호한다. 그런데 2013년 7월 10일 이전에 시행된 개정 전 법에서는 이 보호기간이 사망 후 50년까지였다. 즉 법 개정 시점인 2013년을 기준으로 이미 사망 후 50년이 지난 작가들의 저작권은 소멸되고, 사망한 지 50년이 지나지 않은 작가들은 추가로 20년의 보호를 더 받을 수 있게 된 것이다! 1961년 사망한 어니스트 헤밍웨이의 경우 사망 후 50년이 지난 2012년에 저작권이 소멸되어 『노인과 바다』, 『무기여 잘 있거라』 등 그의 유명한 소설들이 국내 시장에 봇물 터지듯이 새로 번역되어 쏟아져 나온 바 있다.

『멋진 신세계』의 올더스 헉슬리는 1963년에 사망했는데, 1961년 사망한 헤밍웨이나 1962년 사망한 헤르만 헤세보다 불과 1~2년 더 오래 살았다는 이유로 우리나라 출판업계에서는 전혀 다른 취급을 받게 된다. 바로 앞서 언급한 2013년 7월 1일부터 시행된 개정 「저작권법」 때문이다. 구법(2013년 개정 전 법)에 의하면 헉슬리는 2013년 12월 31일에 우리나라에서의 저작권이 만료될 예정이었다. 그런데 만료를 불과 몇 개월 앞두고 새롭게 시행된 개정법에 의해 사후 70년의 보호기간을 적용받게 됐다. 결국 2023년 12월 31일까지 그의 저작권은 보호된다. 따라서 내가 서점에서 골라 집은 하얀 표지의 『멋진 신세계』는 저작권자와의 독점계약으로 인하여 비로소 유일하게 우리나라에서 한국어 번역본을 출간할 수 있는 권리를 확보한 번역본이다. 그렇다면 다른 출판사의 번역본은 뭘까? 저작재산권을 침해한 것일까? 그렇지는 않다.

1995년 이전의 해적판은 합법으로…

우리 「저작권법」은 WTO 협정 체결에 따라 1995년 개정됐다. 1995년 이전까지만 해도 상황은 달랐다. 세계저작권조약이 국내에서 시행된 시점이 1987년 10월 1일인데, 이전에 발행된 외국인의 저작물에 대해서는 따로 그 저작재산권을 소급해 보호하지 않았다. 즉 1987년 10월 1일 이후 발행된 외국인의 저작물에 대해서만 저작재산권을 보호하고 있었다. 말하자면 그동안 국내 출판사들은 과거 외국인들의 저작물을 자유롭게 이용하고 있었던 셈이다.

하지만 「저작권법」이 WTO 협정 체결에 따라 1995년 개정되면서 1996년 7월 1일부터는 외국인의 과거 저작물을 보호하게 되었다. 이런 저작물을 '회복저작물'이라고 한다. 회복저작물이라는 개념이 등장하면서 출판업계가 그동안 출판한 수많은 번역본은 그 자체로 저작권법 위반을 범하는 위기에 처하게 됐다. 출판업계 입장에서는 날벼락이 아닐 수 없었다. 이 때문에 충격을 완화하기 위해 당시 「저작권법」은 부칙을 통해 1995년 1월 1일 이전에 작성된 번역본은 이후에도 계속해서 배포할 수 있다는 경과규정을 두었다.

이야기가 복잡하지만 쉽게 한 문장으로 줄여서 말하자면, 현재까지 저작권이 살아있는 외국의 문학 작품이라고 하더라도 그 번역본의 초판을 1995년 이전에 발행했다면 지금까지는 물론이고 앞으로도 한국어판 저작권 계약 없이 중판 발행의 형식으로 판매할 수 있다는 것이다. 물론 저작권자가 보상을 청구한다면 돈을 주어야 하는 것은 별개의 문제이다. 돈은 달라면 주면 되는 것이고 적어도 「저작권법」 위반의 형사책임을 지지는 않는다는 뜻이다. 1995년을 기준으로 불법과 합법이 나뉘다니…. 듣기에 썩 공평하지 못해 보이지만 국내에서 저작권 보호 의식이 자리 잡는 과정에서 겪는 예외적인 과정으로 생각하면 이해하지 못할 바도 아니다.

내가 전부 다 확인해 보지는 못했지만 여러 출판사의 『멋진 신세계』 번역본은 대부분 1980년대 후반 또는 1990년대 초반에 초판 발행되어 이를 바탕으로 저작권자와의 한국어판 저작권 계약 없이도 판매를 계속하고 있다. 아마도 저작권자와 독점계약을 체결한 유일한 출판사는 저작권료 지급에 따른 부담을 책값에 반영했을 것이다. 이런 이유로 다른 번역본들과 경쟁을 하는 한국어판 저작권 독점 출판사로서는 현대적이고 새로운 번역을 마케팅의 주안점으로 삼는 것 같다. 충분히 세련된 표지에 큰 글씨로 '번역의 대가인 아무개의 최신완역판'이라고 강조하는 띠까지 두르게 한 의도를 이해할 수 있다.

저작권 보호기간과 회복저작물. 그리고 「저작권법」 부칙의 경과규정. 출판사 관계자들이라면 반드시 알아두어야 할 정보겠지만 이처럼 복잡한 내용을 일반 독자들 입장에서 굳이 알아야 할 필요가 있을까? 있다. 이렇게 한 번 알고 나면 책의 앞표지부터 맨 뒷장까지 어느 한구석 빼지 않고 전부 꼼꼼히 즐기고 해석할 수 있는 재미가 있다. 만 원 중반대의 책을 구입해 저작권에 얽힌 정보까지 읽어낸다면 본전도 더 이상 이런 본전이 없을 거다.

꽤 옛날 작품인 줄 알았는데 독점 출판된 번역서, 그다지 오래된 것 같지 않은데 여러 출판사에서 경쟁적으로 번역한 작품이 무엇인지 찾아보자. 번역본이 많은 작품이라면 초판 발행일이 1995년 1월 1일 이전이 맞는지 확인해 보는 일도 흥미로울 것 같다.

그때는 맞고 지금은 틀린 '영화 사전검열'

- 사전검열 금지, 등급분류제 등 영화와 법 문제들

2019년 여름 영화 〈기생충〉(2019)이 중국의 한 영화제에서 상영될 예정이었으나 석연찮은 이유로 예정일 하루 전 갑자기 취소됐다. 주최 측은 '기술적 이유'를 취소 사유로 들었다. 중국 관영 매체인 〈글로벌타임즈〉는 '기술적 이유'는 중국 관리들이 가장 흔하게 쓰는 말이라고 전했다. 테크놀러지가 진짜 문제인 건 아니란 뉘앙스다. 그로부터 시간이 꽤 흐른 지금까지 끝내 〈기생충〉은 중국 본토에서는 상영되지 않았다(홍콩에서만 개봉했다).

중국 정부의 검열 정책 때문일 것이라고 누구나 짐작하지만 구체적인 금지 사유에 대해서는 의견이 분분하다. 이미 빈부격차가 심한 중국 내에서 불평등과 빈곤에 대한 비판적 내용을 주제로 한 한국 영화가 개봉되기는 힘들 것이란 분석, 강렬한 성애 장면 때문일 것이란 분석, 악을 저지른 자 모두가 처벌을 받지 않는 결말이 '사필귀정'이라는 중국 영화의 대원칙에 어긋났기 때문이란 분석 등등….

사실 중국에서 개봉하지 못한 대작(大作) 영화는 한두 편이 아니다. 〈매드맥스: 분노의 도로〉(2015)는 무정부 상태와 폭동 상황을 묘사해서, 〈조커〉(2019)는 체제전복적인 내용과 폭력적인 장면 때문에, 〈콜 미 바이 유어 네임〉(2017)은 동성애 묘사 때문에 상영 허가를 받지 못했다. 다소 의아한 이유도 있다. 〈부산행〉(2016), 〈신과 함께: 죄와 벌〉(2017), 〈신과 함께: 인과 연〉(2018), 〈고스트버스터즈〉(2016)는 '미신조장'이라는 사유로 상영이 금지됐다. 귀신이 등장해서다.

그런데 대놓고 귀신이 등장하고 저승까지 나오는 한 영화는 예외적으로 상영이 허락됐다. 무엇일까? 디즈니·픽사의 〈코코〉(2017)다. 중국 검열 당국 구성원들이 이 영화에 크게 감동받아 예외적으로 허가했다는데, 사실인지는 모르겠다. 어쨌든 중국은 아직도 검열 당국이 원칙과 예외의 결정권을 손에 쥐고 있다는 건 확실히 알 것 같다.

이쯤 되면 '아, 중국은 아직도 갈 길이 멀었구만'이라고 흉보는 목소리가 벌써 귀에 들리는 듯하다. 그런데 남 일이 아니다. 우리 영화도 예전에는 나체 뒷모습, 입맞춤 장면, '가자!'라는 대사의 정치성 등등을 이유로 여기저기 가위질을 당하기 일쑤였다. 가위질로도 모자라 아예 상영관에 올라가지 못한 영화도 있다. 이렇게 우리나라도 1990년대 중반까지는 영화 검열이 버젓이 존재했다. 비교적 최근이다. 논란이 많지만 게임에 대한 사전심의제도는 현재까지도 존재한다. 영화에 한정해서 본다면 한국 영화가 탄생한 이래 '가위질'로 표현의 자유를 억누른 기간이 그렇지 않은 기간보다 훨씬 길다. 이쯤에서 우리 영화와 사전 검열의 역사를 간단히 살펴보자.

한국 영화 검열의 역사

한국 영화는 일제강점기의 검열 속에서 시작했다. 영화에 대한 제도적인 검열은 1922년에 「흥행장 및 흥행 취체 규칙」을 통해 시작하여, 1940년에는 조선총독부 제령 제1호로 「조선영화령」을 발표해 영화 제작 및 배급업을 하려면 조선총독부의 허가를 받도록 하는 방식으로 제국주의 선전 영화를 양산했다. 해방 이후에는 미군정 당국이 「활동사진의 취체령」을 공포하여 영화의 제작·배급·상영의 감독과 단속 권한을 미군정청 공보부로 이관해 사전검열을 했다. 대한민국 정부 수립 이후에도 한국 영화는 자유를 찾지 못했다. 한국전쟁의 발발도 한몫했다.

1960년 4·19혁명의 바람을 타고 영화 사전검열에 대한 폐지 논의가 이루어졌지만 곧이어 일어난 1961년 5·16 군사정변으로 흐지부지되고 만다. 군사 정권 초반부인 1962년 한국 최초의 영화 기본법인 「영화법」이 제정됐다. 이후 시나리오에 대한 사전검열과 촬영을 마친 작품에 대한 삭제 및 상영금지의 이중 제한 속에서도 한국 영화는 꾸준히 발전한다. 1984년에는 '검열'이라는 단어를 '심의'로 바꿨다. 이로써 형식적으로 영화에 대한 사전검열은 사라진 것이지만 이는 눈 가리고 아웅일 뿐이었다. '심의'와 '검열'에 본질적인 차이는 없었기 때문이다.

1987년에 이르러 민주화 운동의 영향으로 시나리오에 대한 사전심의 제도가 폐지된다. 다소 숨통이 트였지만 완성된 작품을 온전한 형태로 상영할 수 있는 권리는 여전히 보장되어 있지 못했다. 문민정부가 들어선 이후 사전검열 폐지에 대한 열망은 밀물처럼 몰려들어 헌법재판소의 판단을 받기에 이른다.

1996년 10월 4일 헌법재판소는 역사적인 위헌 결정을 내렸다. 영화는 그 상영 전에 공연윤리위원회(줄여서 '공윤')의 심의를 받아야 하며 심의를 받지 않은 영화는 상영하지 못한다는 내용의 「영화법」 제12조 제1, 2항과 그 심의 기준을 정한 제13조가 심판 대상이었다. 헌법재판소는 이 결정에서 헌법이 보장하는 표현의 자유와 사전검열의 금지 원칙의 의미를 선언한다. 이 선언은 이후 다른 모든 종류의 사전심의제도의 위헌성을 판단하는 시금석이 된다. 결정의 논리적인 흐름을 알리고자 결정문 일부를 다소 길게 인용한다.

"영화도 의사표현의 한 수단이므로 영화의 제작 및 상영은 다른 의사표현수단과 마찬가지로 언론·출판의 자유에 의한 보장을 받음은 물론, 영화는 학문적 연구결과를 발표하는 수단이 되기도 하고 예술 표현의 수단이 되기도 하므로 그 제작 및 상영은 학문·예술의 자유에 의하여도 보장을 받는다."

"헌법 제21조 제1항이 언론·출판에 대한 검열금지를 규정한 것은 비록 헌법 제37조 제2항이 국민의 자유와 권리를 국가안전보장·질서유지 또는 공공복리를 위하여 필요한 경우에 한하여 법률로써 제한할 수 있도록 규정하고 있다고 할지라도 언론·출판에 대하여는 검열을 수단으로 한 제한만은 법률로써도 허용되지 아니한다는 것을 밝힌 것이다."

"영화법 제12조 제1항, 제2항 및 제13조 제1항이 규정하고 있는 영화에 대한 심의제의 내용은 심의기관인 공연윤리위원회가 영화의 상영에 앞서 그 내용을 심사하여 심의기준에 적합하지 아니한 영화에 대하여는 상영을 금지할 수 있고, 심의를 받지 아니하고 영화를 상영할 경우에는 형사 처벌까지 가능하도록 한 것이 그 핵심이므로 이는 명백히 헌법 제21조 제1항이 금지한 사전검열제도를 채택한 것이다."

"검열을 행정기관이 아닌 독립적인 위원회에서 행한다고 하더라도 행정권이 주체가 되어 검열절차를 형성하고 검열기관의 구성에 지속적인 영향을 미칠 수 있는 경우라면 실질적으로 검열기관은 행정기관이라고 보아야 한다. 그러므로 공연윤리위원회가 민간인으로 구성된 자율적인 기관이라고 할지라도 영화법에서 영화에 대한 사전허가제도를 채택하고, 공연법에 의하여 공연윤리위원회를 설치토록 하여 행정권이 공연윤리위원회의 구성에 지속적인 영향을 미칠 수 있게 하였으므로 공연윤리위원회는 검열기관으로 볼 수밖에 없다."

[1996. 10. 4. 93헌가13, 91헌바10 (병합) 전원재판부]

다만 이 결정에서 헌법재판소는 모든 형태의 사전적인 규제를 모두 위헌으로 본 것은 아니었다. 예를 들면 유통단계에서 영상물을 효과적으로 관리할 수 있도록 사전에 등급을 심사하는 것은 사전검열이 아니라고 봤다. 이런 논리에서 탄생한 게 바로 현재의 '등급분류제도'이다.

그런데 초창기의 등급분류에는 '상영등급 분류보류'라는 등급이 있었다. 등급을 매길 수 없다는 이유로 상영을 허락하지 않는 것이다. '보류'라는 이름 아래 사실상 사전검열의 효과를 가져올 수 있다는 점에서 위헌 문제가 끊임없이 제기됐다. 이에 헌법재판소는 2001년 8월 30일 「영화진흥법」 제21조 제4항의 상영등급분류보류를 위헌이라 결정했다(2001. 8. 30. 2000헌가9 전원재판부). 이제 더 이상 보류 등급은 없다.

이후 몇 번의 정비를 거쳐 현재는 「영화 및 비디오물의 진흥에 관한 법률」에 의한 '전체 관람가', '12세 이상 관람가', '15세 이상 관람가', '청소년 관람불가', '제한상영가' 5등급제가 확립됐다.

위헌성은 제거했지만 등급분류의 적정성에 대한 논란은 끊이지 않는다. 모두가 만족하는 등급분류가 있을 리 만무하다는 점에서 논란은 피해갈 수 없을 것 같다. 다시 영화 〈기생충〉으로 돌아와 보자. 이 영화는 '15세 이상 관람가' 등급을 받았다. 게다가 국제적인 영화제의 수상작인 만큼 가족 단위로 영화를 관람하러 간 경우도 많았다. 그러다가 낭패를 봤다는 증언이 심심치 않게 들렸다. 이런 증언은 〈마녀〉(2018), 〈독전〉(2018)의 경우에도 마찬가지였다.

등급분류가 적정하지 않았다고 해서 등급분류라는 제도 그 자체가 잘못되었다고 비난할 사람은 없을 것 같다. 등급분류의 적정성은 분류의 기준이 얼마나 구체적으로 나뉘어 있는지, 위원회 구성원들의 판단이 얼마나 일반 대중의 시각과 가까운지가 관건일 거다. 영상물등급위원회가 대중의 눈높이를 부지런히 따라가는 것이 우선이겠지만 대중도 무턱대고 마음에 들지 않는 등급을 비난만 할 건 아니다. 왜 이런 등급으로 분류된 것인지, 그 기준이 설득력이 있는지 한 번 따져보는 건 어떨까? 실제로 영상물등급위원회는 공식 블로그 등을 통해 논란이 되는 영화의 등급분류 과정을 공개하고 그 구체적인 기준을 설명하곤 한다. 대중이 직접 참여하여 영상물의 등급을 분류하는 체험을 제공하는 등 다양한 노력을 벌이고 있다.

　　이번 글에서는 중국의 영화 사전검열을 시작으로 우리나라 영화 사전검열의 역사와 위헌 결정, 현재의 등급분류 제도를 살폈다. 살펴본 대로 위헌성이 제거되고 등급분류가 적정하게 이루어지면 영화와 표현의 자유는 더 이상 반목하지 않는 걸까?

　　영화에 대한 사전검열은 금지되어야 한다는 점에는 사회적 공감대가 형성되어 있다. 그렇지만 표현의 자유라는 주제는 너무도 광범위하고 개인의 사생활이나 인격권 등의 다른 가치와도 충돌이 잦다. 특히 혐오 표현과의 문제가 얽혀 들어가면 과연 영화에서 표현의 자유를 이렇게 절대적으로 인정해 주어도 되는지 의문이 들 때가 있다. 영화적 표현의 자유와 개인의 인격권, 재산권 등이 충돌할 때는 어떻게 해야 할까? 다음 글에서 그 해결 방법을 살펴보자.

'못 본 사람 없게 해주세요' 대(對) '아무도 못 보게 해주세요'
- 표현의 자유와 인격권의 충돌, 상영금지 가처분의 이모저모

공연, 영화, 출판 등 인간의 사상을 드러내는 대중예술은 '표현의 자유'라는 매우 강력한 헌법적 가치의 보호를 받는다. 그 보호가 얼마나 강력하냐면, 때론 개인의 인격권과 재산권을 제약하는 표현물도 표현의 자유라는 이름 아래 용서받을 수 있을 정도다. 용서는 누가 하나? 최종적으로는 대법원이 해주겠지만 진짜 억울한 사람은 따로 있을 수 있다. 이 시점에서 감정이입 해 볼 수 있는 두 가지 상반된 입장이 생긴다. 바로 표현물을 만들어 대중에 공개하고자 하는 사람과 그 때문에 명예를 훼손당하는 등 개인적 권리를 침해당한 사람의 대립이다. 요즘 유행하는 말로 '우리 영화, 못 본 사람 없게 해주세요' 대(對) '이 영화, 제발 아무도 못 보게 해주세요' 정도로 표현할 수 있으려나?

표현의 자유의 중요성은 익히 들어서 알고 있다. 나아가 대중의 '알 권리'와 연결되면 그 공익적 가치는 굳이 강조할 필요가 없을 정도다. 하지만 제아무리 표현의 자유라도 폭주 기관차처럼 브레이크가 없는 건 아니다. 표현의 자유도 인격권이나 재산권 등 개인의 권리가 심각하게 침해되는 상황에서는 제동이 걸린다. 그런데 표현물에는 특수한 문제가 있다. 영화든 공연이든 일단 공개되어 퍼져버린 다음에는 개인의 권리를 온전하게 되찾기가 거의 불가능하다는 점이다. 다시 말해 '쏟아진 물'인 셈이다. 이때 개인은 시간을 되돌리고 싶을 텐데, 물바가지가 쏟아지기 전에 시간을 멈출 방법이 있을까? 이에 비견할 수 있는 법률적 제도가 바로 가처분 제도이다. 가처분의 일종인 '상영금지 가처분'은 우리에게도 꽤 익숙하다.

가처분은 일종의 응급조치다. 예상할 수 있듯 접두어로 붙은 '가(假)'는 임시적이고 시험적인 무언가를 나타낼 때 붙이는 글자다. 현행 3심제도 아래에서는 분쟁 중인 권리 관계가 판결로 확정되기까지 많은 시간이 걸린다. 판결이 확정되어도 바로 일이 해결되는 것은 아니다. 판결문 종이를 들고 가 '강제집행'이라는 절차를 거쳐야 비로소 권리가 구체적으로 실현된다. 그 긴 시간 동안 무슨 변수가 생길지 모른다. 따라서 분쟁 현상을 잠시 동결시킬 필요가 있다. 거칠게 말하자면 가처분은 본격적인 소송('본안소송'이라고 부른다)으로 권리 관계를 확정 짓기 전에 임시로 시간을 잠시 멈추어 두는 제도라 할 수 있다. 따라서 임시적인 조치일 뿐이다. 시간을 멈추고자 하는 자가 신청한 가처분이 받아들여진다 해도(인용) 또는 받아들여지지 않는다 해도(기각) 이는 최종적으로 본안소송에서 이기고 지는 것과 관련이 없다. 그냥 시간만 멈춰놓는 것이다.

문화·예술 분야에서의 가처분은 무엇이 있을까? 영화는 '상영금지 가처분', TV 프로그램은 '방송금지 가처분', 책과 같은 출판물은 '배포금지 가처분' 등을 생각해볼 수 있다. 이름이 법으로 딱 정해진 게 아니다 보니 '공연금지 가처분'이나 '전시금지 가처분'도 있을 수 있다. 이번 글에서는 다양한 내용의 위 가처분 중 우리에게 익숙한 영화의 상영금지 가처분에 대해 살펴볼 생각이다.

가처분으로 시간을 멈춰서 지키고자 하는 권리를 '피보전권리'라고 부른다. 가처분의 원인이라고 할 수 있다. 영화 상영금지 가처분의 피보전권리는 크게 두 가지로 나눌 수 있다. 순전히 내가 설명하기 편하게 나눈 건데, 하나는 명예 등 개인의 인격권이고 또 하나는 별도의 계약상 권리(상영권·배포권)이다. 나의 분류가 절대적인 건 아니다. 이 두 카테고리에 들어가지 않는 피보전권리도 있다. 표절 시비, 즉 저작권을 피보전권리로 하는 상영금지 가처분 신청도 많다. 저작권 얘기는 그간 많이 했으니 이번에는 빼자. 위 두 가지 분류를 차례로 살펴본다.

1. 명예 등 인격권을 지키기 위한 상영금지 가처분

영화에 등장하는 사람이 실존 인물일 때 영화로 인한 자신의 명예훼손을 주장하며 상영금지 가처분을 신청하는 경우가 많다. 이때 대다수의 상영금지 가처분 신청은 기각된다. 즉 당장 영화의 개봉을 막지 못한다는 뜻이다.

최승호 감독의 〈공범자들〉(2017)은 KBS, MBC 등 공영방송들이 지난 10여 년 동안 어떻게 대중을 속여왔는지 그 실체를 다룬 다큐멘터리 영화다. 전·현직 MBC 임원들이 최 감독과 제작사 대표를 상대로 상영금지 가처분을 신청했다. 이 신청에 대해 법원은 "〈공범자들〉이 MBC 임원들을 표현한 내용이 허위 사실이라고 볼 수 없고 사실에 기초해 공적 인물들을 비판하고 의문을 제기했을 뿐"이라며 명예권을 침해당했다는 신청인들의 주장을 받아들이지 않았다. 재판부는 또 '초상권 침해'라는 MBC 임원들의 주장도 "공적인 인물에 해당하며 이들의 업무나 직위에 관련된 내용들은 공적 관심사에 해당하므로 초상권을 침해했다고 볼 수 없다"는 이유로 인정하지 않았으며, "영화 상영으로 인해 MBC 임원들을 향한 비판 여론이 강해지고 과거 행적이나 발언이 재조명되더라도 이는 언론인으로서 마땅히 받아들여야 할 것"이라고 판시했다. 이로써 영화 〈공범자들〉은 대중에 공개됐다.

〈공범자들〉은 공익적·제보적 성격이 강한 영화라서 그렇다고 치자. 그럼 순수한 오락 영화는 어떨까? 오락 영화라 하더라도 상영금지 가처분은 기각되는 경우가 압도적으로 많다. 폐업한 곤지암정신병원을 둘러싼 괴담을 확인하려는 체험단 7인이 겪는 일을 그린 공포 영화 〈곤지암〉(2017)이 그 예다. 2018년 영화의 배경이 된 병원 부지의 소유자가 영화 제작사를 상대로 명예·신용·재산권의 침해를 주장하며 상영금지 가처분 신청을 냈다. 재판부는 "영화 곤지암은 소유주 개인을 소재로 한 영화가 아니므로 소유주의 명예와 신용이 훼손된다는 주장은 받아들일 수 없다", "영화의 상영으로 부동산의 객관적 활용 가치 자체에 변화가 있을 것으로 보이지 않는다"라며 위 신청을 기각했다. 곤지암정신병원을 둘러싼 소문은 영화가 제작되기 한참 전부터 퍼져 있던 것이고 이런 소문이 돈 것은 근본적으로 정신병원이 폐업한 이후 소유주에 의해 장시간 방치되어 있었기 때문이지, 명백히 허구의 내용을 담고 있는 공포 영화로 인해 새롭게 어떤 재산적 침해가 발생한 것은 아니라는 설명이다.

　　그러나 인격권의 침해를 주장하는 상영금지 가처분 신청이 모두 기각되는 것은 아니다. 많진 않지만 신청인의 주장을 일부 받아들일 때도 있다. 박정희 전 대통령(1917~1979)의 시해 사건(10·26)을 다룬 영화 〈그때 그 사람들〉(2005)에 대해 박 전 대통령의 아들 박지만 씨가 제작사를 상대로 상영금지 가처분을 신청한 적 있다. 이때 법원은 문제가 된 몇 개의 장면을 삭제하지 않으면 상영할 수 없다는 결정, 즉 '일부 인용' 결정을 내렸다. 영화 내에 삽입된 다큐멘터리와 실제 고인의 장례식 장면이 관객들에게 영화가 허구가 아닌 실제 상황을 엿보는 듯한 오해를 일으킨다는 이유였다. 3년여에 걸친 긴 분쟁 과정에서 위 결정이 뒤집혀 삭제된 장면이 복원되기도 하는 등 많은 우여곡절을 거쳤다. 최종적으로는 고등법원에서 제작사와 박지만 씨 사이의 조정(픽션임을 알리는 자막의 삽입)으로 마무리됐다.

2017년에는 가수 김광석(1964~1996)의 사망에 대한 의혹을 다룬 다큐멘터리 영화 〈김광석〉(2017)에 대해 그의 아내인 서해순 씨가 상영 및 비방금지 가처분 신청을 했다. 영화가 타살 의혹을 제기하고 그 유력한 용의자로 서 씨를 의심했기 때문이다. 법원은 영화 상영금지 가처분 신청은 기각하면서도 비방금지 가처분 신청은 인용했다. 영화는 상영하되 앞으로 방송이나 SNS 등 매체에 의한 비방은 금지한 것이다. 이 결정에 따라 영화는 일단 상영되었다. 그러나 최종적으로 감독 이상호는 서 씨에게 인격권 침해로 인한 손해배상금 1억 원을 지급하라는 판결을 받았다. 이 사건은 결과적으로 인격권의 심각한 침해가 인정되었는데도 불구하고 상영금지 가처분은 기각된 예외적인 경우라 많은 논란을 불러왔다.

영화에 등장하는 실존 인물에 의한 이의제기가 아니어도 제3자에 의한 집단적인 반발이 일어날 때도 있다. 영화 〈청년경찰〉(2017)은 중국 동포들이 많이 거주하는 서울 영등포구 대림동 일대를 범죄 소굴로 묘사하고, "이 동네 조선족들만 사는데 밤에 칼부림도 많이 나요. 여권 없는 범죄자들도 많아서 경찰도 잘 안 들어와요. 웬만해선 길거리 다니지 마세요" 등의 대사로 중국 동포들을 자극했다. 이들은 집단으로 이미 개봉한 영화의 상영중지 가처분 신청을 내고 손해배상청구 소송도 제기했다. 상영중지 가처분 신청은 기각되었다. 손해배상청구도 1심에서는 기각되었는데, 3년만인 2020년 3월 항소심(2심)에서 재판부가 "이 영화로 인해 불편함과 소외감 등을 느낀 원고들에게 사과의 의사를 전할 필요는 있는 것으로 보인다. 제작사에 원고들에 대한 공식 사과와 앞으로 재발 방지를 약속할 것을 권고한다"며 화해권고결정을 내려 화제가 되었다. 이에 따라 제작사가 공식적인 사과문을 게재해 긴 분쟁의 마침표를 찍었다.

이 화해권고결정은 사실상 영화 속 혐오 표현에 대한 법원의 공식적인 첫 개입이라고 할 만하다. 곧 뜨거운 논란이 일었다. 표현의 자유에 대한 심각한 위축이 우려된다는 의견과 소수자에 대한 혐오와 차별을 멈추기 위해 꼭 필요한 결정이었다는 의견이 팽팽히 대립했다.

2. 별도의 계약상 권리 등을 지키기 위한 상영금지 가처분

인격권을 지키기 위한 상영금지 가처분 신청은 많은 경우 기각되곤 하지만, 제작·배급·상영권에 대한 별도의 계약상의 권리를 지키기 위한 상영금지 가처분은 인용되는 경우가 꽤 있다.

2020년 4월에 있었던 영화 〈사냥의 시간〉(2020) 사건이 대표적이다. 문제는 코로나19 바이러스의 창궐로 영화관 개봉이 무기한 연기된 상황에서 배급사인 리틀빅픽쳐스가 넷플릭스를 통한 독점 공개를 선택하며 발생한다. 해외 판매 업무를 담당한 회사 콘텐츠판다가 이의를 제기한 것이다. 당초 해외 세일즈는 콘텐츠판다가 맡아서 하기로 계약이 되어 있는데 리틀빅픽쳐스가 이를 부당하게 파기하고 넷플릭스와 계약을 새로 체결했다는 것이다. 법원은 콘텐츠판다가 낸 상영금지 가처분 신청을 받아들였다. 이 결정으로 한국을 제외한 다른 나라에서 넷플릭스를 통해 작품을 공개할 수 없게 된 것이다. 넷플릭스 공개 하루 전에 일어난 일이다. 다행히 상영금지 가처분 인용 결정이 있고 일주일 후, 리틀빅픽쳐스와 콘텐츠판다는 합의에 성공했다. 그 후 영화 〈사냥의 시간〉은 넷플릭스를 통해 전 세계에 공개됐다.

별도의 계약상 권리를 지키기 위한 것은 아니지만 '원작자'로서의 권리를 바탕으로 영화의 제작과 상영이 모두 금지된 사건도 있다. 1990년 마광수 교수는 자신의 시집 『가자 장미여관으로』를 영화로 만들기 위한 프로젝트에 감독(공동 연출)으로 계약했다. 그런데 영화 제작사가 영화의 선정성을 문제 삼아 감독을 일방적으로 교체했고, 시나리오를 대폭 각색해 같은 제목으로 영화를 계속 제작하려 했다. 이에 마 교수는 영화제작·상영 등 금지 가처분을 신청했다. 법원은 "제작사가 본안소송 판결 전까지 '가자 장미여관으로'라는 제목의 영화를 제작, 상영해서는 안 된다"고 결정했다. '가자 장미여관으로'라는 제목으로 영화를 만들려면 마 교수의 원작 시나리오대로 해야만 한다는 것이다.

앞서 살펴본 바와 같이 인격권에 기한 상영금지 가처분 신청은 별도의 계약상 권리를 피보전권리로 삼는 신청보다 성공률이 낮다. 이유가 뭘까? 아마도 계약상 권리는 구체적이지만 명예권은 다소 추상적이기 때문일 것이다. 우리 대법원은 상업 영화에서의 표현의 자유와 명예권이 충돌할 경우 어떻게 판단할 것인지에 대해 비교적 확고한 견해를 지니고 있다. 표현의 자유를 보다 높게 평가하는 경향이다.

"영리 목적으로 일반 대중을 관람층으로 예정하여 제작되는 상업 영화의 경우에는 역사적 사실을 토대로 하더라도 영화제작진이 상업적 흥행이나 관객의 감동 고양을 위하여 역사적 사실을 다소 각색하는 것은 의도적인 악의의 표출에 이르지 않는 한 상업 영화의 본질적 영역으로 용인될 수 있다. 또한 상업 영화를 접하는 일반 관객으로서도 영화의 모든 내용이 실제 사실과 일치하지는 않는다는 전제에서 이러한 역사적 사실과 극적 허구 사이의 긴장 관계를 인식·유지하면서 영화를 관람할 것인 점도 그 판단에 참작할 필요가 있다."

(대법원 2019. 3. 6. 자 2018마6721 결정)

그러나 아무리 법원의 기각 결정을 받는다 해도 영화를 만든 입장에서는 개운하지 않을 거다. 실제 사건을 배경으로 한 영화에서 유족 등 사건 관계인들에 대한 도의적인 책임도 문제지만, 흥행에 성공해야 하는 만큼 대중들이 영화 제작자들의 인격권 침해 행위를 어떻게 판단할지 신경 쓸 수밖에 없기 때문이다. 이 경우 제작사의 진심 어린 대처로 법원의 결정에 이르기 전에 사건이 해결되기도 한다.

영화 〈암수살인〉(2018)이 그 예이다. 2018년 이 영화에 대해 실제 사건의 여러 피해자 중 1인의 유족이 '영화화하기 전 사전 동의를 구하지 않았고 극 중 사건이 실제 사건과 똑같이 묘사되어 정신적인 피해가 막심'하다는 이유로 법원에 상영금지 가처분 신청을 냈다. 영화 제작사는 유족에 대해 사과를 했고 이를 받아들인 유족은 위 가처분 신청을 취하했다. 다른 피해자들의 유가족은 상영을 원하고 있다는 이유 등도 고려했겠지만 무엇보다 제작사의 사과가 진정성 있다고 판단했기 때문에 신청을 취하한 게 아닐까 감히 추측해본다.

이렇게 상영금지 가처분 신청에는 인격적, 정신적, 감정적인 피해가 얽혀있다. 그래서 무조건 표현의 자유의 우위를 주장하며 칼로 무 베듯이 쉽게 결정 내릴 수 있는 문제가 아니다. 보다 섬세한 접근이 필요하다. 다행히 여러 사건의 경험이 쌓이고 있다. 이런 경험을 통해 영화 속 실존 인물과 그 가족에 대한 인격권 존중 방식이 점차 세련되게 다듬어질 수 있지 않을까? 기대해 본다.

오마주인지 패러디인지 표절인지···. 도대체 뭡니까
-법은 오마주, 패러디, 표절을 어떻게 다룰까?

'하늘 아래 새로운 것은 없다'라는 말이 있던가. 문득 떠오른 내 생각을, 상당히 기발하고 독창적이라고 생각되는 아이디어임에도 누군가가 일찌감치 멋지게 표현해 놓은 경우가 드물지 않다. 우리 일상에 보급된 인터넷은 이를 극명하게 보여주고 있다. 보급된 지 30년 가까이 된 인터넷에는 온갖 콘텐츠가 확대, 재생산되고 있다. 특히 창작의 영역인 예술에서는 상상력의 다양한 산물 외에도 어디서 본 듯한 패러디와 오마주가 넘쳐난다. 나아가 표절 문제도 끊이지 않고 생겨난다.

오마주, 패러디 그리고 표절. 이는 각기 무엇일까? 문화예술계에서는 많은 이가 이 개념에 대한 정의와 의견을 다양하게 내놓는다. 혹자는 '이미 남들이 다 알고 있으면 패러디, 남들에게 알리고 싶으면 오마주, 남들이 모르게 감추고 싶다면 표절'이라고 짧게 정리한다. 사람들은 일반적으로 '오마주는 원작에 대한 존경의 의미, 패러디는 원작 자체를 희화화하거나 원작을 이용하여 사회 현상 등을 풍자하는 것, 표절은 남의 지적 노동의 산물인 창작물을 훔치는 것'이라는 정의를 받아들이고 있다. 그러나 자세히 들여다보면 이들의 관계는 참으로 오묘하다.

먼저 오마주와 패러디의 관계를 예로 들어 살펴보자. 신세계 그룹의 온라인 쇼핑 플랫폼 SSG.com은 배우 공효진과 공유가 마치 영화 세트장 같은 정적인 느낌의 배경에서 촬영한 광고로 인기를 끌었다. 누군가는 이를 SSG.com이 미국의 대표적인 사실주의 화가 에드워드 호퍼(Edward Hopper, 1882~1967)를 오마주 한 것이라 말했고 또 누군가는 그를 패러디 한 것이라 말했다. 에드워드 호퍼 작품의 고독하고 강렬한 분위기를 높이 평가해 이것이 상업 광고에서도 톡톡히 효과를 볼 수 있을 것이라는 의도였다면 오마주로 볼 여지가 있다. 또 이 광고가 일단 재미있고 웃음을 자아내며 중산층 부부의 지나치게 교양 있고 차분한 모습을 위선적이라고 여겨 공감을 얻고자 했다면 패러디로 못 볼 것도 아니다. 이처럼 오마주와 패러디는 사전적 정의에서는 비교적 잘 구분되지만 실제로는 귀에 걸면 귀걸이, 코에 걸면 코걸이가 되기도 한다.

오마주와 표절의 관계는 어떨까? 역시 미묘하다. 주로 표절이라는 비난을 피하려고 이 둘을 한꺼번에 언급하곤 한다. 어떤 연예인의 의상이나 대중음악이 표절 시비에 휘말렸을 때, 대

중들은 소속사 측이 '결코 표절이 아니며 해당 디자이너(또는 원작곡자)에 대한 오마주의 표현이었을 뿐이다'라고 설명하는 것을 여러 차례 들어왔다. 이런 해명이 이루어진 경우 실제로 원저작권자가 나타나 오마주가 아닌 표절을 주장하며 권리의 침해를 호소하는 사례는 드문 편이다.

반면 패러디와 표절의 관계는 비교적 명확해 보인다. 주로 패러디는 원저작물을 많은 이가 이미 알고 있다는 전제하에 이를 이용하여 유머와 위트를 표현하려는 목적으로 이루어지므로, 원저작물의 존재를 꽁꽁 숨기고 자기가 처음 만들어낸 것처럼 꾸미는 표절과는 처음부터 그 목적에서 상반되기 때문이다.

이처럼 오마주, 패러디, 표절은 쉽게 구별할 수 있을 것 같으면서도 때론 헷갈리기도 한다. 문화 현상은 오래되었어도 그 용어 자체는 그리 긴 역사를 가지고 있지 않다 보니 말 그대로 '감'에 의존하여 파악하는 경우가 많기 때문일 것이다.

하지만 법에는 그런 용어가 없다

그렇다면 우리 법은 이 셋을 어떻게 바라보고 있을까? 일단 우리나라에서 시행되는 법률은 오마주, 패러디, 표절이 무엇인지 정의하지 않는다는 점을 짚고 넘어갈 필요가 있다. 오마주와 패러디는 외국어니까 그렇다 해도 '표절'을 정의하지 않는다는 사실은 다소 의아하다. 「산업기술혁신촉진법」 등 몇몇 법률에서는 표절 행위를 사업비 환수 등의 사유로 들고 있기는 하지만 정확히 표절이 무엇을 의미하는 것인지에 대한 설명은 없다. 우리 법은 이 셋을 개념적으로 구분하지 않고 단지 개별 사건에서 「저작권법」, 「상표법」, 「부정경쟁방지법」 등의 위반 여부만을 판단할 뿐이다. 이들 법 중 문화예술 영역에는 주로 「저작권법」 위반이 문제 된다.

오마주에 법이 관여할 수 있는 상황을 생각해 보자. 누군가가 노래를 만들면서 오마주라는 명목으로 이미 존재하는 어떤 곡(원곡)의 일부를 차용했다고 가정해 보자. 이 경우 원곡자의 동의를 얻었다면 처음부터 표절 또는 저작권 침해는 문제 되지 않는다. 그러나 동의를 구하지 않아 원곡자가 이의를 제기한다면 그때부터는 문제가 달라진다. 이 경우 저작권 침해가 문제 될 수 있다. 즉 아무리 대놓고 오마주라고 말한다고 하더라도 원곡자가 동의하지 않았으면 면책되지 않는다. 자신이 창작한 척하며 진실을 숨기는 행위만이 저작권 침해의 요건에 해당되는 것은 아니라는 뜻이다. 원곡자가 이의를 제기한다면 오마주도 표절, 나아가 저작권 침해가 될 수 있다.

그렇다고 표절이 모두 저작권법 위반이 되는 것은 아니다. 표절의 경우 다양한 요소를 고려하여 저작권 침해 여부를 판단한다. 대법원은 저작권 침해의 요건으로 크게 두 가지를 들고 있다. 첫째는 '침해자가 저작권 있는 저작물에 의거하여 그것을 이용하였을 것', 둘째는 '실질적 유사성이 있을 것'이다.

　첫 번째 요건에서는 두 저작물이 거의 비슷한 내용이라 하여도 단순히 우연의 일치이거나, 공통의 소재를 이용한 데서 오는 필연적 귀결이거나, 저작권 보호기간이 만료된 공유에 속하는 저작물을 동시에 이용해서 서로 비슷한 내용이 되는 경우 등은 저작권 침해가 아니라는 결론이 도출된다. 두 번째 요건인 실질적 유사성은 이른바 '케이스 바이 케이스'로 판단할 수밖에 없다. 작품 속의 세부적인 특정 부분이 복제됨으로써 두 작품 사이에 문장 대 문장, 또는 멜로디 대 멜로디로 대칭되는 유사성이 있는 경우 저작권 침해를 인정받을 가능성이 높아질 것이다. 그러나 전체로서 구조적, 포괄적인 유사성이 있는지도 함께 고려해야만 한다. 쉽게 말해 몇 문장 이상 또는 몇 마디 이상이 똑같으니 그것만으로 저작권 침해라고 단정할 수는 없다는 뜻이다.

　이렇듯 오마주가 부인되어 표절이 되고 그 표절이 저작권 침해의 요건을 모두 충족하게 되면 그때 비로소 오마주에 법이 관여할 수 있는 상황이 된다.

　패러디에 법이 관여한 경우는 실제로 국내에서 유명한 사례가 있다. 2001년 이재수라는 가수가 서태지와 아이들의 히트

곡 〈컴백홈〉을 패러디하여 〈컴배콤〉이란 제목으로 음반과 뮤직비디오를 발매했다. 이에 서태지는 이 음반에 대하여 저작인격권 침해를 주장하며 판매금지 가처분을 신청했다. 이 사건에서 법원은 "패러디는 기존의 저작물에 풍자나 비평 등으로 새로운 창작적 노력을 부가함으로써 사회 전체적으로 유용한 이익을 가져다주는 것이지만, 저작권자의 동일성유지권의 본질적인 부분을 침해하지 않는 범위 내에서만 허용될 수 있다"고 판시했다. 재판부는 '〈컴배콤〉의 경우에는 원곡의 독특한 음악적 특징을 흉내 내 단순히 웃음을 자아내는 정도에 그쳤을 뿐 비평적 내용을 부가해 새로운 가치를 창출한 것으로 보이지 않으므로 저작인격권 침해에 해당한다'는 취지의 결론 내리면서 이재수의 음반 판매를 중지시켰다. 위 사건에서 법원은 원저작물을 비평하거나 풍자하는 '직접적 패러디'만을 인정하고, 원저작물을 이용해 사회 현상 등을 풍자하는 '매개적 패러디'는 저작권 침해의 예외로서 용인될 수 있는 패러디에 포함 시키지 않았다(서울중앙지방법원 2001. 11. 1. 선고 2001카합1837 결정).

　　법원의 이런 판단은 지금까지도 다른 많은 결정에서 인용되고 있긴 하다. 그렇지만 대법원에서 이루어진 판단이 아니라는 점을 고려할 때 〈컴백홈〉을 둘러싼 위 법원의 의견을 패러디에 대한 사법부의 확립된 견해로 보기엔 무리가 있다. 오히려 학계에서는 패러디를 저작권법 제35조의3 제1항이 정하고 있는

'공정이용'의 하나로 인정하여 허용해야 한다는 견해가 일반적
이다. 같은 법 제2항에서는 공정이용의 판단 근거가 될 만한 요
소 몇 가지를 예로 들고 있다.

저작권법 제35조의3(저작물의 공정한 이용) ①(중략) 저작물의 통
상적인 이용 방법과 충돌하지 아니하고 저작자의 정당한 이익을
부당하게 해치지 아니하는 경우에는 저작물을 이용할 수 있다.

② 저작물 이용 행위가 제1항에 해당하는지를 판단할 때에는 다음
각 호의 사항 등을 고려하여야 한다.

1. 이용의 목적 및 성격

2. 저작물의 종류 및 용도

3. 이용된 부분이 저작물 전체에서 차지하는 비중과 그 중요성

4. 저작물의 이용이 그 저작물의 현재 시장 또는 가치나 잠재적인
시장 또는 가치에 미치는 영향

위의 복잡하고도 긴 내용을 정리하자면 이렇다. 오마주
든 패러디든 원작자가 허락하지 않으면 결국 대법원이 제시하
는 여러 가지 요건을 면밀하게 고려하여 저작권 침해 여부를 가
린다. 이 과정에서 이용자는 자신의 오마주 또는 패러디가 저작
권법 제35조의3 제1항이 정하는 공정이용에 해당한다며 면책을
주장할 수 있다. 그러나 원작자는 같은 법 제2항이 예시하는 사

항을 고려할 때 이용자의 행위는 정당하지 않다고 반박할 수 있다. 표절의 경우에는 대법원이 제시하는 두 가지 저작권 침해 요건을 구체적으로 따져보아야 한다.

　　구체적으로 따져보아야 하다니…. 결국 또 '케이스 바이 케이스'인 것인가. 거창한 문제 제기에 비하여 결론은 흐지부지하고 진부하다. 그런데 변호사가 하는 말은 원래 그렇다. "오마주인지 패러디인지 표절인지 도대체 뭡니까, 저작권법 위반 아닙니까?"라고 묻는다면 "아, 구체적인 사실관계를 더 들어봐야 알겠는데요. 자세히 얘기해 주세요"라고 밖에 대답할 수 없는 이 심정. 부디 이해해 주시길!

"세상 모든 것에 감탄하는 지혜로운 사람들의 공간"
도서출판 호밀밭

선녀와 인어공주가 변호사를 만난다면
ⓒ 2021, 백세희 Baek Sehee

지은이	백세희
초판 1쇄	2021년 03월 01일
2쇄	2021년 04월 01일
편집	박정오 책임편집, 임명선
디자인	최효선 책임디자인, 전혜정
일러스트	최효선
마케팅	최문섭
종이	세종페이퍼
제작	영신사
펴낸이	장현정
펴낸곳	호밀밭
등록	2008년 11월 12일(제338-2008-6호)
주소	부산 수영구 광안해변로 294번길 24 B1F 생각하는 바다
전화, 팩스	051-751-8001, 0505-510-4675
전자우편	anri@homilbooks.com

Published in Korea by Homilbooks Publishing Co, Busan.
Registration No. 338-2008-6.
First press export edition March, 2021.

Author Baek, Sehee
ISBN 979-11-90971-42-3   03360